自治体・地域で出来る！

シニアのデジタル化が拓

豊かな未来

沢村香苗・井熊 均・木通秀樹◆著

学陽書房

はじめに

本書の冒頭で示しているように、日本の高齢化の進展は急だ。シニア＝支えられる側、若手・中堅＝支える側という構図に基づく施策が早晩行き詰まるのは避けられまい。行き詰まりを回避し新たな可能性を拓くために欠かせないのは、低下したシニアの身体機能を補完し自立した期間をいかに長くするかという観点だ。

こうした問題を解決する唯一とも言える方策が「シニアの生活のデジタル化」だ。ネットワークやアプリケーションだけでなく、デジタル化された身体機能の補完機器を使えば、シニアの身体は時間的にも機能的にも大きく拡張される。

2020年の前半は新型コロナウィルスの感染が世界的に拡がり、働き方、生活スタイルの抜本的な変化を迫られた。そこで生まれた新たな問題が、デジタル技術を使って変化を効率化や付加価値に結び付けられた人とそうでない人の間の格差だ。シニアの少なからずが後者に属し、活動範囲を縮めることで身を守った。コロナ禍で加速された社会の変化は高齢化問題に拍車を掛ける可能性がある。

一方、コロナ禍で日本の公共分野のIT政策の体たらくが露わになり、デジタル社会の実現に向けた取り組みを強化すべきとの機運が高まった。この流れに乗れば、コロナ禍を「シニアの生活のデジタル化」を加速する好機とすることもできる。ただし、ここまでの実績を見ても、政策だけに頼っていては、シニアの生活を豊かにするデジタル化が進むかどうか懸念が残る。そこで欠かせないのが、地域における公共団体、企業、個人、諸団体の多次元的な連携によるデジタル化の枠組みづくりである。

本書はこうした認識に基づき、「シニアの生活のデジタル化」の必要性とリアリティ、実現方策などについて述べたものである。まず、第一章では高齢化の動向や人生100年時代に向けて何が必要かをまとめた。第二章では人生100年時代を支えるデジタル技術が十分に実装段階に入っていることを示した。その上で第三章では近未来のシニアのデジタル生活のイメージを描き、デジタル技術がそれをどのように支えるかを取りまとめた。第四章では、こうしたシニアのデジタル生活を支える鍵となるのは地域での取り組みである、という理解に基づき、地域におけるシニアのデジタル生活の実現方策を示した。

本書の内容が、高齢化に関わる諸問題の解決とシニアの新たな可能性を拓くことに多少なりとも貢献できることを期待したい。

本書の執筆に当たっては、株式会社学陽書房の川原正信氏に企画段階からお世話になった。コロナ禍で業務に制約が生じる中でご対応頂いたことなどに、心より御礼申し上げる。本書は、株式会社日本総合研究所創発戦略センターの沢村香苗さん、木通秀樹さんとの共同執筆である。沢村さんはメンタルヘルス分野で博士号を有し、次世代のシニアの生活に向けた独自のビジョンを持つ専門家である。木通秀樹さんは工学博士を有し、デジタル技術について多くの知見を披露し続けている専門家である。多忙かつコロナ禍で制約を受ける中、執筆に参加していただいたことに心より感謝申し上げる。最後に、筆者等の日頃の活動に対してご支援を頂いている株式会社日本総合研究所に対して厚く御礼申し上げる。

2020年　秋涼

井熊　均

目　次

第3章 「人生100年時代」を豊かにするデジタル空間

1 リアル空間とサイバー空間で囲むシニアの生活

2 シニアの活力を高める４つのデジタルコミュニケーション

3 シニアのデジタル空間の構成──シニアの生活を支える機能の構造

第4章 デジタル化が拓く「人生100年時代」の地域

1 デジタル化が拓く地域の活力

2 シニアのデジタル生活を支える地域のプレーヤー

3 地域のデジタル化の体制づくり

第1章

「人生100年時代」が普通になった

衰えない身体、死なない身体

英国の経営学者であるリンダ・グラットンが2016年に発表した「LIFE SHIFT 100年時代の人生戦略」（原題：The 100-Year Life: Living and Working in an Age of Longevity）が発端となり、生活の中に「人生100年」という言葉があふれるようになった。首相官邸は2017年９月に「人生100年時代構想会議」（～2018年６月）を設置し、高齢者から若者まで全ての人が元気に活躍し続けられる社会、安心して暮らすことのできる社会をつくるための「人づくり革命」として、幼児教育、高等教育、大学改革、リカレント教育、高齢者雇用促進に対する投資方針を取りまとめた。

金融庁の金融審議会市場ワーキング・グループは2019年６月に報告書「高齢社会における資産形成・管理」を取りまとめた。同報告書の冒頭や検討過程の資料でも「人生100年時代」という言葉が使われている。これは長寿化に対応して個人が適切な資産形成を行うための仕組みを提言したものだったが、「老後の人生30年は2000万円の資金不足となる」という試算結果だけが取り沙汰された挙句、財務大臣から報告書の受理を拒まれる事態となった。「高齢化」が集団としての長寿化現象を表すのに対し、「人生100年時代」は「長く生きる」という事実を個人に突きつけているように思われるのか、人々の不安が増すようだ。

本章では、「人生100年」の現実を冷静に確認しながら、個人や社会にどのような変化が起こるのかを描いてみよう。

（1） 人間の寿命が延びている

先進国だけでなく、途上国も含めて人間は長寿化している。世界全体で見ると平均寿命は1950年の46年から2009年の68年に延びており、先進国だけで見ると同65年から77年に延びている。

20世紀前半と比べると、40～50年だった人間の寿命は80年まで延びているのである（図表１－１）。

日本の1963年の統計では、100歳以上人口は153人だった。それが1998年には１万人を超え、2019年には７万人を超えている。今後も100歳以上人口は急速に伸び続けると考えられている（図表１－２）。

平均寿命の延びには、若年者の死亡（乳幼児、妊婦など）の減少と、高齢者の死亡の減少の２つの要因がある。

日本では、その２つが並行して起こったため、欧米諸国と比較して短期間で高齢化が進行した。そのために、社会保障制度や企業の定年制度などは、若年者が担い手となることを想定したままとなり、現実との乖離が生じている。なお、韓国、シンガポール、中国といったアジアの国では、日本以上のスピードで高齢化が進んでいる（図表１－３）。

図表1－1　主な国の平均寿命の年次推移

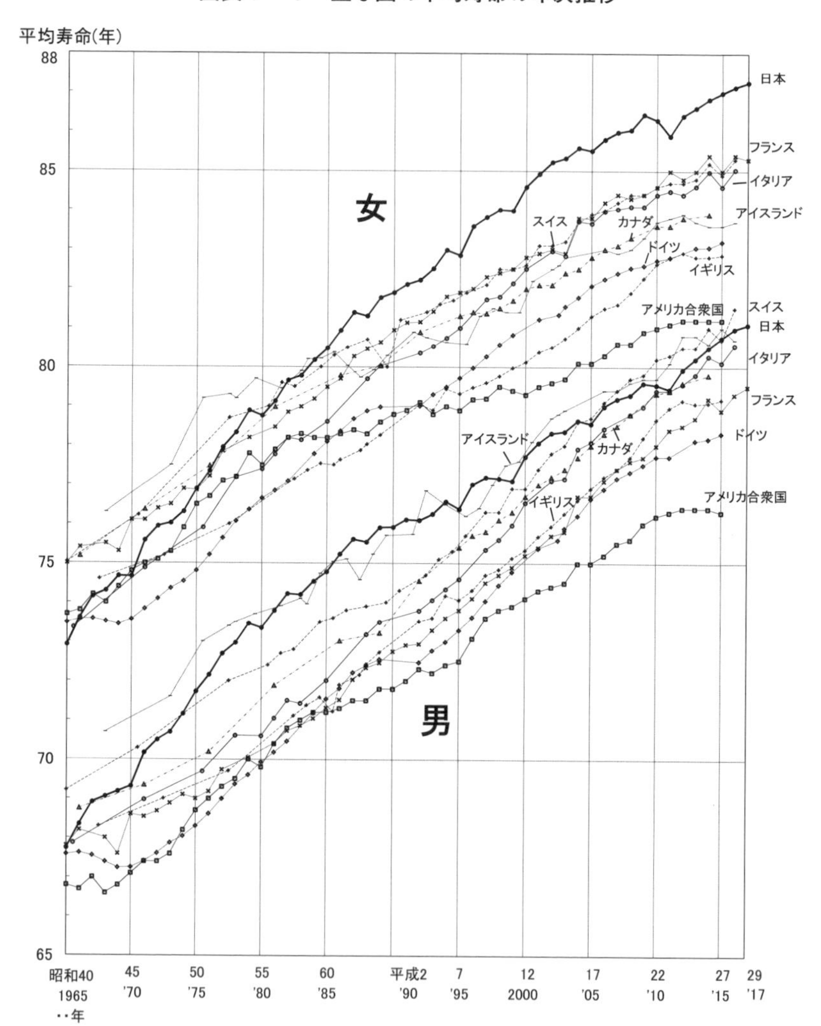

資料：国連「Demographic Yearbook」等

注　：1）1971年以前の日本は、沖縄県を除く数値である。

　　　2）1990年以前のドイツは、旧西ドイツの数値である。

（出所：厚生労働省ホームページ）

図表１－２　100歳以上人口の推移

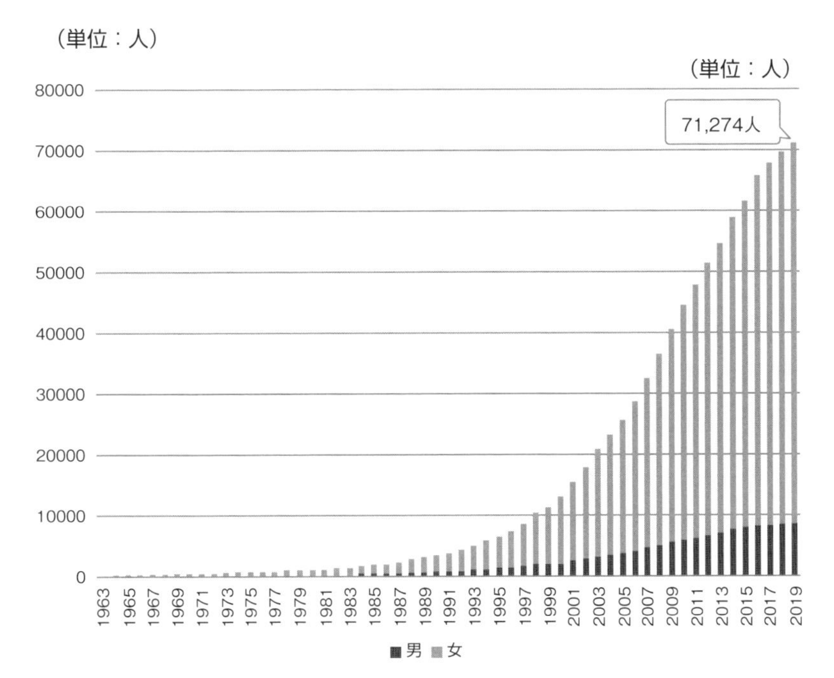

（出所：2019年９月13日厚生労働省プレスリリースを基に作成）

図表１－３　主要国における高齢化率が７％から14％になるのに要した期間

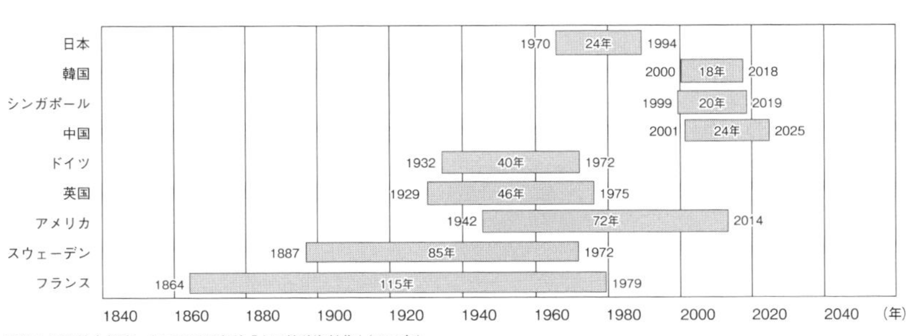

資料：国立社会保障・人口問題研究所「人口統計資料集」（2019年）
（注）1950年以前はUN, The Aging of Population and Its Economic and Social Implications（Population Studies, No.26, 1956）及びDemographic Yearbook，1950年以降はUN, World Population Prospects: The 2017 Revision（中位推計）による。ただし，日本は総務省統計局「国勢調査」,「人口推計」による。1950年以前は既知年次のデータを基に補間推計したものによる。

（出所：内閣府『令和元年版高齢化白書』を基に作成）

図表１－４　年齢別死亡率（男性）
0歳～59歳

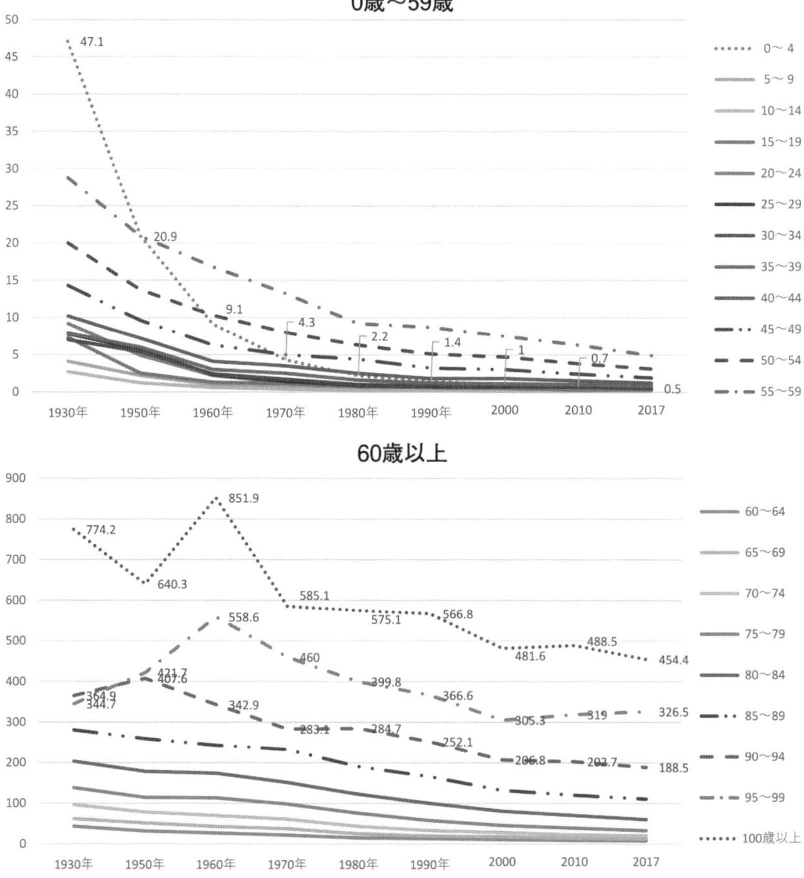

（出所：社会保障・人口問題研究所「人口統計資料集2019年版」を基に作成）

（2）人が死ななくなった国、日本

1930年から2017年までの年齢別死亡率（各年齢の人口1000人に対し、何人が死亡したか）を見ると、０歳から４歳の死亡率は1930年から1980年ころまでに急激に低下し、その後も低下を続けている。

０歳から４歳の死亡率は1930年時点で47.1％（男性）、42.6％（女性）だった。筆者の祖父母の子育てがまさにこの頃であったため、母からは、よく「生まれてすぐに死んだ兄や姉が複数いる」という話を聞か

図表１－５　年齢調整死亡率の諸外国との比較

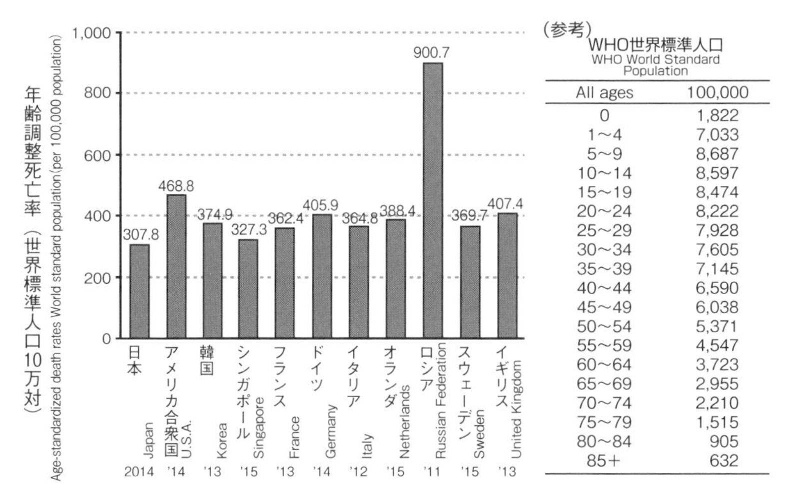

All ages	100,000
0	1,822
1～4	7,033
5～9	8,687
10～14	8,597
15～19	8,474
20～24	8,222
25～29	7,928
30～34	7,605
35～39	7,145
40～44	6,590
45～49	6,038
50～54	5,371
55～59	4,547
60～64	3,723
65～69	2,955
70～74	2,210
75～79	1,515
80～84	905
85＋	632

注　：標準人口はWHOが作成した世界標準人口による。
資料：WHO Mortality Database
（出所：厚生労働省「平成30年我が国の人口動態」を基に作成）

された。母は末子で1951年生まれであり、祖母は1932年生まれの第一子から約20年間出産を続けていたことになる。1930年当時の合計特殊出生率（１人の女性が生涯で生む子供の数）は4.7人[1]で、日本は多産多死社会だったといえる。

０歳から４歳のグループほどではないが、それ以外の年齢層でも、1930年から1980年にかけて死亡率は大きく低下している（図表１－４）。

年齢が上であるほど、当然ながら死亡率は高くなるが、95歳以上の年齢層を除くと死亡率は低下を続けており、人が死ななくなっていることが読み取れる。

日本は諸外国と比べて高齢者が多いため、全体としての死亡率は諸外国よりも高いが、同じ年齢構成と仮定した比較では、諸外国と比べ日本の死亡率は低くなっている（図表１－５）。

(3) なぜ人は死ななくなったのか

なぜ人が死ななくなったのかを、死因別死亡率（人口10万人に対する死亡数）の変化から読み取ってみよう。

1950年代までは、肺炎や結核といった感染症が死因になることが多かった。人類と結核の歴史は長く、9000年前にはすでにヒト型結核菌が存在したそうだ[2]。英国では18世紀から19世紀の産業革命によって、都市部への人口集中が起こり、労働条件も過酷になって結核が蔓延した。それまでも感染症は存在したが、人口密度が低かったため大流行になりづらかったのである。産業革命が各国に広がると、並行して結核も広がっていった。日本では明治時代に産業革命が伝播して都市化が進むと、やはり結核が蔓延して死因の第１位となった（インフルエンザ（スペイン風邪）の流行した1918年から1920年を除く）。当時は「亡国病」「国民病」と呼ばれ、若者を含む多くの人の命を奪った[2]。

1950年代以降は、感染症による死亡が大きく減ったかわりに、脳血管疾患や悪性新生物、心疾患といった生活習慣病による死亡が増加し

図表１－６　主な死因別死亡率の推移（人口10万人）

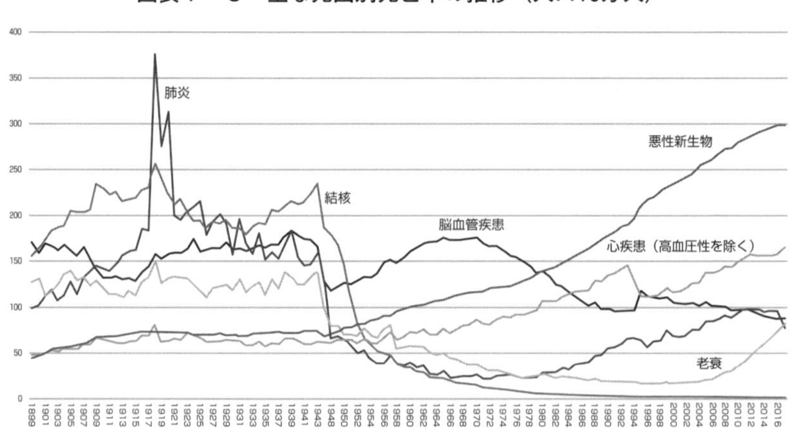

（出所：厚生労働省『人口動態統計』を基に作成）

た。この死因の歴史的な変化は「疫学転換」と呼ばれている。それまでも生活習慣病自体は存在していたが、生活習慣病で死ぬ前に感染症で死んでしまっていた[3]。感染症による死亡が減ると長く生きられるようになり、生活習慣病が元で死ぬことが普通になったのである。近年では「老衰」が増加し死因の３位になったことが話題となった（死因としての「老衰」は、高齢者で他に記載すべき死亡の原因がない、いわゆる自然死の場合のみを指す[4]）（図表１－６）。

（4） 死なないだけでなく、衰えない

変化しているのは寿命の長さだけではない。以下に、文部科学省が実施している体力・運動能力調査の1998年から2018年の結果を紹介する。

65歳から79歳までの男女について、握力・上体起こし・長座体前屈・開眼片足立ち・10m障害物歩行・６分間歩行のテストを行った結果を見ると、いずれの性・年齢区分でも、合計点が向上していることがわかる（上体起こし、開眼片足立ち、６分間歩行の種目についても同様に成績は向上している）。６分間歩行の成績を1998年と2018年で比較すると、2018年の70～74歳は、1998年の65～69歳よりも成績がよい。2018年の75～79歳は1998年の65～69歳には及ばないものの、かなり近い成績を収めている。「最近の高齢者は以前に比べて10年若返った」といわれていることを裏付けるデータである（図表１－７）。

「健康寿命」はWHO（世界保健機関）が提唱した概念で、「健康上の問題で日常生活が制限されることなく生活できる期間」を指し、平均寿命から寝たきりや認知症などの要介護状態の期間を差し引いて算出される。2010年から2016年にかけて、平均余命と健康寿命の差はわずかだが縮小（男性で9.2年から8.8年、女性で12.7年から12.3年）[5]しており、長く生きているだけでなく、日常生活に制限のない、健康な時

図表1－7　新体力テストの合計点

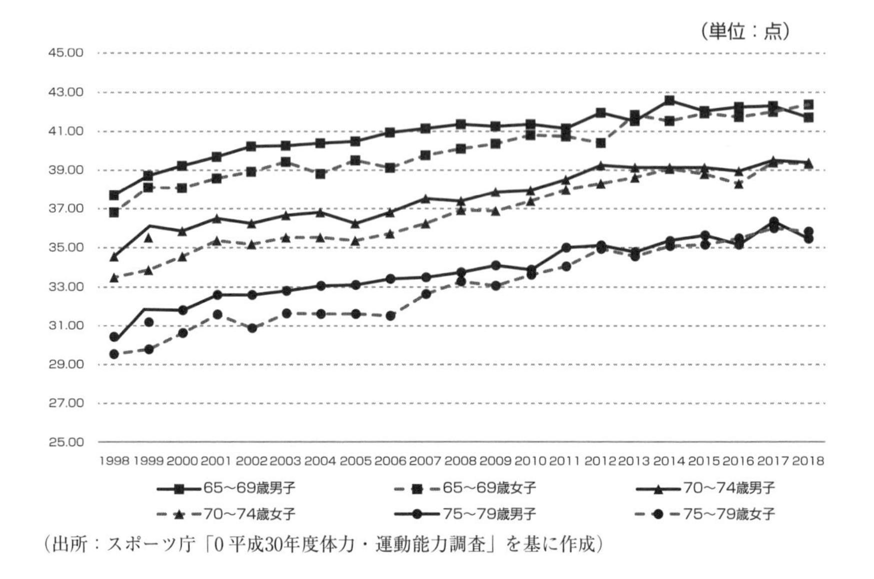

（出所：スポーツ庁「0平成30年度体力・運動能力調査」を基に作成）

間が延びていることがわかる。

以上紹介したデータから分かるとおり、今後も我々は以前に比べてかなり長く生き、また健康に生きる可能性が高い。それには以下の要因が寄与しているといわれている。

①　生活の質が向上――栄養状態や衛生状態が改善

先に、若年者の死亡率の低下には感染症の減少が大きく寄与したと述べた。この変化は、抗生物質等の医学的発見より早く起こっており、経済的な発展による栄養状態の改善が背景にあるとされる。そのほかに、上下水道の発達や個人の衛生観念の発達といった、衛生状態の全般的な改善も貢献している[6]。もともと感染症の蔓延は人口集中による生活環境の悪化や劣悪な労働環境に起因しているため、その改善が死亡率の減少につながったのである。

また、衣食住をはじめとした全般的な生活環境の改善、労働環境の改善によって、身体が酷使されたり、危険に晒されることが減り、衰弱の速度が緩慢になったことも大きな要因だ。近年ではむしろ、栄養の過剰摂取や身体活動量の不足が生活習慣病に結び付くことが問題視され、健康増進のために運動習慣を身につけることが推奨されるほどだ。

② 医療技術の進歩——感染症の克服から、再生医療・ゲノム医療へ

死亡率の低下と聞いて誰もが思い浮かべるのは医療の進歩だろう。川上（1997）[7]によると、戦後の医療技術の歴史は以下のようにまとめられる。

ⅰ　第一次医療技術革新～1960年

抗生物質や抗結核剤等の新薬が登場し、急性伝染病、結核、ハンセン病の治癒が可能になった。

外科系では全身麻酔、輸血、補液などの技術の導入・改良により手術の安全性が向上し、開腹手術だけでなく、胸部手術や開頭手術も安全に行えるようになり、抗生物質によって術後の感染症も克服できるようになった。

ⅱ　第二次医療技術革新1960年～70年

現代物理学・化学が医療に導入され、臨床検査の自動化やX線検査機能が進んだ。血液の自動分析装置、コンピュータ断層撮影装置（CT）、超音波技術（エコー）、胃カメラ、MRI等が導入され、診断技術が進歩した。

ⅲ　第三次医療技術革新1990年～

分子生物学が医療に導入され、臓器移植、体外受精、遺伝子操作といった技術が部分的に臨床に応用されるようになった。

現在の日本の健康・医療戦略は、健康・医療戦略推進法（2014年５月）に示されている。その中では、再生医療（体外で人工的に培養した幹細胞や、体外で人工的に構築した組織を患者の体内に移植等して、損傷した臓器や組織を再生し、失われた人体機能を回復させる医療）の実用化に重点が置かれている。もう１つの重点課題は、ゲノム医療（ゲノム情報を網羅的に調べ、その結果をもとにして、一人一人の体質や病状に合わせて治療などを行う医療）だ。これらが実用化されれば、死はますます遠いものになるだろう。

③　病気を治す前に、病気にならないように――予防の重視

現在の主たる死因である生活習慣病については、発症後の治療だけでなく、生活習慣の改善による予防が重視されている。厚生労働省は1978年から「国民健康づくり対策」として市町村の保健センター等の整備や健康診査の充実を図り、病気の早期発見・早期治療（二次予防）に力を入れ始めた。2000年からは、「21世紀における国民健康づくり運動（健康日本21）」として、生活習慣の改善によって健康を増進し、生活習慣病等を予防する一次予防を重視している。2008年には生活習慣病の発症前の段階であるメタボリックシンドローム（内臓脂肪症候群）に着目した健康診査（特定健康診査）及び保健指導（特定保健指導）が導入され話題となった。

④　社会制度が充実――教育、社会保障制度

医療技術が発達しても、多くの人がその恩恵にあずかれなければ長寿化には至らない。日本においては労働争議を背景に、労使関係の改善をはかるため、ドイツ等の制度をモデルとして1922年に健康保険法が成立し、工場等の被用者を対象とした医療給付が開始された。欧州

では同一の職種が企業の枠を超えて労働組合を組成していることが多く、組合が保険者となっていた。これに対して、日本では企業単位の労働組合が主で、中小企業は組合を持たないことが多かったため、政府が保険者となった（政府管掌健康保険）のである。

1939年からは、被用者の家族に対しても医療給付が開始された。一方で、被用者ではない、農漁山村の人々は医療給付制度がなく、周りに医師がいないことや、貧しくて医療費が払えないことから、十分な医療が受けられない状態にあった。そこで、1938年に国民健康保険法案が制定され、市町村が保険者となれるようになった。農漁山村の人の窮乏の救済を第一義としているが、同時に健康な兵力を確保すること（健兵健民政策）が強く意識された制度でもある。1943年頃には95％の市区町村で国民健康保険組合が設立されていたが、加入は義務ではなかった。また、医療給付はそれほど充実しておらず、敗戦後には組合の解散が相次いだ。戦後、社会保障制度の再興が目指され、1958年に新国民健康保険法が成立し、被用者保険に加入していない人はすべて国民健康保険制度に加入することになった。これにより、誰もが一部の負担で自由に医療を受けられるようになった[8]。

戦後は陸海軍病院を国立病院・国立療養所として開放したのに加え、都道府県や市町村が公立病院の設置を進めた。そのほか、日本赤十字社や厚生連（厚生農業協同組合連合会）、済生会といった公的医療機関の設置にも国庫補助が拡大されると同時に、非営利の医療法人制度が設けられて民間病院の開業も盛んになった。国民医療保険制度が確立したことによる需要増に対応するため、病院・診療所の設置のための低金利融資の仕組みが作られ、医療資源の拡充がはかられた。1973年の「経済社会基本計画」には「一県一医大構想」が盛り込まれ、医師の養成がはかられた[9]。

図表１－８　医療従事者の人数の伸び

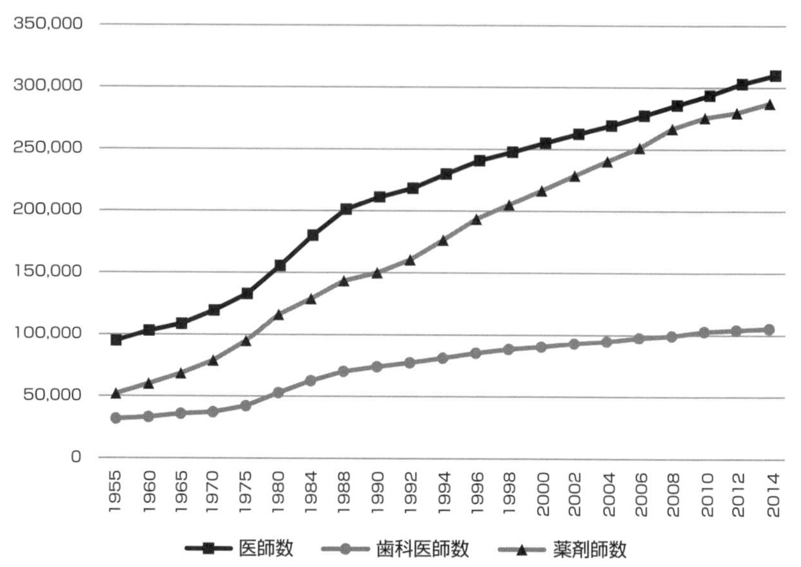

（出所：厚生労働省政策統括官付保健総計室「医師・歯科医師・薬剤師調査」を基に作成）

⑤　健康志向の高まり

他の国では明確に見られる、社会経済的なステータスが高いほど寿命関連の指標がプラスになり死亡率がマイナスになる、という傾向は今までのところ日本では明確ではない。これについて、日本では教育水準や所得の高低にかかわらず、健康維持への意識や、衛生習慣といった行動様式が社会全体で共有されているのではないか、という説もある[10]。

高齢者が日ごろ心掛けていることについて尋ねた調査によると、休養や睡眠を十分とること、栄養のバランスの取れた食事をとること、散歩やスポーツをすることといった基本的な生活上の健康意識が、健

図表１－９　高齢者が健康のために心がけていること

（%）

		休養や睡眠を十分にとる	栄養のバランスのとれた食事をとる	健康診査などを定期的に受ける	散歩やスポーツをする	特に心がけていることがある	特に心がけていることはない
男性	55～59歳	59.8	47.0	42.7	42.7	88.9	11.1
	60～64歳	49.0	48.4	43.1	40.5	84.3	15.7
	65～69歳	53.1	48.8	53.5	55.4	90.1	9.9
	70～74歳	50.8	52.4	54.0	47.6	88.4	11.6
	75～79歳	60.2	55.5	60.2	56.3	91.4	8.6
	80歳以上	45.3	58.6	53.1	46.1	86.7	13.3
女性	55～59歳	50.0	60.2	55.9	45.8	91.5	8.5
	60～64歳	54.2	65.9	47.5	39.1	92.7	7.3
	65～69歳	56.2	71.7	55.3	58.0	95.4	4.6
	70～74歳	52.3	66.8	50.8	48.7	92.7	7.3
	75～79歳	48.9	64.9	62.1	47.7	93.1	6.9
	80歳以上	55.6	64.2	58.3	38.5	89.8	10.2

（出典：内閣府『高齢者の健康に関する調査（平成29年度）』）

康診査などを定期的に受けるという医学的な健康意識と並んで高い。男性も女性も、９割前後が何らかの健康的な生活習慣を心掛けていると回答している（図表１－９）。病気になる前に健康に気を遣うことが一般的になっていることが、日本の長寿の大きな要因だろう。

(5) 死なない、衰えない時間は幸せか

ここまでの各種のデータは、人類は必ずしも寿命を延ばすことを直接的に目指して努力をしてきたのではないことを示している。経済的な成功や、よりよい生活環境、病の克服、技術革新など、目の前のゴールを達成する努力を重ねた結果、長寿化に至ったのだ。日常生活で考えても、我々の日々の健康的な行動は、風邪を引いたり、転倒して骨折したり、といった目の前の嫌なことを避けるのが動機であり、「長生きにつながる」という明確な見通しを持って努力している人は

多くないだろう。

「人生100年」、「長生き」、というテーマで話すとき、年代を問わず、それをポジティブに語る人は少ない。よくみられるのは、「どうしたらいいんだろうね？」という困惑や、「考えたって仕方ない、今がよければいい」といった刹那的な意見であり、人生が長いことへの不本意さや、怒りすら感じ取れることがある。

そもそも、我々は自ら志願して生まれてきたわけではない。実存主義の哲学者ハイデガーは、我々は「否応なしにこの世界に投げ込まれてしまった」ために、常に不安を感じる存在であるといった。そして、日々のゴールを達成すると否応なしに人生が延長していってしまうのが今の状況だ。つまり「(世界に投げ込まれた上に) 世界からなかなか出られない」という感覚が我々の中にさらなる不安を引き起こしているのではないだろうか。かといって、自ら人生を終わらせる決断も容易にはできない。ということは、我々は人生100年を前提として受け入れ、いかにこの時間を幸せに生き抜くかを真剣に考えなければならないのである。

2 長すぎる「余生」

（1）隠居と余生

人生終盤の過ごし方を表す言葉として「隠居」がある。隠居は1947年まで民法上に規定されていた。家族の統率・監督を行う権限は戸主にあり、満60歳を過ぎれば、隠居によって戸主の地位（家督）を相続人に譲ることができた。第一線を退いて穏やかな生活を送りつつ、時には知恵を授けて若者を助けるお年寄りのイメージは、幸せな老後の在り方としていまだ社会的に人気が高い。若者の間でも競争社会とは一線を画した生き方として「隠居」の生き方が注目されている。

戸主制でも、競争社会でも、求められるのは個人の強さである。隠居は、こうした強さの勝負から離れても充実している個人の在り方として魅力的に映るのだろう。

「余生」も、子育てや仕事といった義務から解放された、人生のご褒美のような時間として、高齢期をポジティブに語る時によく使われ、「悠々自適」と並んで人気のある言葉だ。定年退職前後の方にこれからの生活を尋ねると、「まあ、余生ですから、悠々自適ということで何も決めていませんよ」といった反応が返ってくることが多い。

人々が望む高齢期の在り方は、自由気ままでありながら、それまでの経験や知恵を活かし、自分のペースで活動を続けられることのようだ。

ここからは、人生100年時代を幸せに生きるためのキーを考えていこう。

(2)「お年寄りが幸せ」だった理由[11]

幸福に老いることはサクセスフルエイジング（Successful Aging）と呼ばれ、何が幸せなのか、どうすれば幸せになれるのか、などいくつかの立場で議論されてきた。医学的モデルは、長寿を最大の幸福とし、その中でいかに喪失を少なくするか（病気や障害が軽く、身体機能や認知機能を維持する）を考える。社会学モデルは、生活満足度や主観的幸福観が高いことを幸福の指標とする。どのような要因によってそれらの指標が向上するかについては様々な研究が行われているが、健康、社会経済的状況、社会的な活動が、主観的幸福観に影響すると考えられている。

心理学的なモデルは、人間の一生を発達段階と捉える。子供に限らず、それぞれの年齢にそれぞれ乗り越えるべき課題や危機が存在するという考え方だ。その中で高齢期の発達課題は「加齢とともに生じる喪失に、どのように適応するか」が中心となる。幸福の指標としては、生活満足度や主観的幸福観といった、その時の状態を評価するものより、自分の人生を価値があると捉えられているかといった指標を重視する。リフ[12]は①自己受容、②人生の目的、③人格的成長、④ポジティブな人間関係、⑤環境管理、⑥自律性を心理的ウェルビーイング（良好性状態）として幸福を指標化している。

高齢期には、身体機能が衰えたり、退職したり、配偶者や友人を亡くすなどの喪失を経験する。いくつかの研究では、そのような経験をしても高齢者は幸福感を維持している（エイジングのパラドックス）という結果が出ている。その理由についてはいくつかの理論が提唱されている。その中から、選択最適化補償理論、老年的超越理論、社会情動的選択性理論を紹介する。

① 選択最適化補償理論[13]

選択最適化補償理論では、目標を持ってそれを達成することが幸福感につながると考える。目標達成の過程は、①目標の選択、②資源の最適化、③補償の３つの要素だ。例えば、フルマラソンを生きがいとしてきた人が、加齢によって体力の低下や足の痛みを感じるようになった場合を考えてみよう。①の目標選択では、目標タイムのレベルを下げたり、距離を短くしてハーフマラソンにするといった、資源の喪失に適応した選択を行う。②の資源の最適化では、これまでのように長時間のハードなトレーニングをする体力という資源が減少しつつあるので、例えば、故障を防ぐためのストレッチにより時間をかけたり、トレーニング時間を減らしてポイントを絞った練習をする、といった最適化を行う。③の補償は、自分以外の助けを借りることを指す。サポート器具などの道具を使うことのほか、例えば全年齢の大会から高齢者の大会にシフトすることも補償の例といえる。このように、様々な方略をうまく使える人のほうが、上手に喪失に適応し、幸福感を保てるという考え方だ。

② 老年的超越理論[14]

老年的超越理論は、高齢期には価値観や考え方が若い頃から大きく変化するという考え方だ。若い頃は出世すること、お金があること、健康であること、美しくあること、目標を達成できること、が価値となる。高齢者は、加齢に伴ってこれらを失うことはすなわち不幸と捉えずに、次のような違った価値観を持つようになる。

i　社会と個人との関係

社会や他人との表面的なつながりより、限られた人との深いつながりを重んじる。社会規範に基づいた価値観から、独自の考え方や価値観に変化する。

ⅱ　自己の意識

自らの意志や欲求の達成より他者を重視するようになる。身体機能や容姿へのこだわりが薄くなる。過去のネガティブな出来事についても、積極的な意味を見出し、人生全体を肯定的に捉える。

ⅲ　宇宙的意識

時間や空間に関する捉え方が変化し、過去・現在・未来という時間の流れや、物理的な距離の感覚から離れて、すべて一体として感じる。その結果、生と死にも区別がなく、生死を超越した意識に到達し、死は恐怖の対象ではなくなる。

この理論は、超高齢者が増えている現在、活動的であることを前提としない、新たな幸福の在り方が生まれるのではないかという期待から特に注目されている。

③　社会情動的選択性理論[15]

社会情動的選択性理論は自らの将来の時間的見通しに着目している。若者は、自分の将来の時間がとても長いという見通しを持っているので、成長するために知識を得ることや新たな挑戦をすることに自分のリソース（時間やエネルギー、お金等）を費やす。高齢者は残された時間が限られていると認識するので、満足感にフォーカスし、感情を安定させるために自分のリソースを投じる。例えば、ネガティブな情報には着目せず、ポジティブなことに着目したり、交友範囲を広げるよりは身近な人との付き合いを重視するといったことだ。

先に述べた「隠居」の幸福なイメージは、老年的超越理論や社会情動性選択性理論に通じるかもしれない。自ら隠居を決めることで、若いころの価値観に別れを告げ、リソースの投資先や行動範囲を限定して満足度を高める老いの在り方だ。定年退職後の生活について、悠々自適、余生といった言葉がよく使われるのも、このような「幸せな老人」イメージをなぞったものと考えることができる。

では、人生100年時代でもそうしたイメージは指針となるだろうか。WHOの定義では65歳以上が高齢者だが、現在の65歳の平均余命は男性で約19年、女性で約24年だ。かつてはある程度先が見えており、活動を縮小しポジティブな情報だけを取り入れて、穏やかに暮らすことができたかもしれない。しかし、今の65歳の残り時間は、それにしては長すぎる。実際のところ、「自分は果たして老人なのか？」という疑問を持っている高齢者は多い。映画館のシニア割は抵抗なく利用するが、高齢者向けと銘打たれた商品やサービスはまだ自分向けではなく「もう少し歳を取ってからのもの」と感じるのだ。

年齢では高齢者に分類されたものの、残された時間や体力が豊富すぎて、まだ活動を縮小する必要がない。一方で、豊富な時間や体力というリソースを何に投じるか決める上で、参考になる高齢者像や選択肢はまだ豊富とはいえない。そうなると、せっかく持っているリソースは宝の持ち腐れとなってしまうし、生活に充実感が得にくくなる。人生100年時代に対応した新たな高齢者の生活イメージが作られなければ、人生が延長した分はそのまま「既存の老人イメージが当てはまるのをただ待つ時間」になってしまうのだ。

3 余生の実情―つながりの減少

悠々自適たる余生を送る上で課題となる社会的な実情を述べてみたい。長くなった時間の中で行き場を見出せない男性の増加と、高齢者の実情と社会を結ぶ接点の脆弱化である。

(1) 悠々自適は妻頼み?――男性の抱える危うさ

人生100年時代は、生きる時間の長さだけでなく、生活の在り方も大きく変化する。家族形態もその一つだ。人口は減っているが世帯数は増加を続けており、世帯が小規模化している。65歳以上の人がどのような家族形態で暮らしているかをデータで見ると、30年前は子夫婦と同居している人が最も多かった。その割合は減少を続け、代わりに増えたのが夫婦のみ世帯と単身世帯、配偶者のいない子と同居している高齢者だ(図表1－10)。詳しく見ると近居の割合も減少している[16]。

性・年齢階級別に見ると、高齢になるにしたがって、単独世帯で暮らす女性の割合が増加する。これは夫婦世帯で暮らしていた女性が夫の死亡に伴い独居になることを表している。男性は年齢を経ても独居の割合は増えず、誰かと暮らしている人の割合が女性に比べて高い(図表1－11)。ただし、夫婦での暮らしも、子との暮らしも、結婚がその前提となっている。未婚率が特に男性で上昇していることを踏まえると、単身世帯で暮らす高齢者の割合は増加する見通しだ。

2015年の社会生活基本調査から65歳以上の人の平均生活時間を見て

図表１－10　家族形態別にみた65歳以上の者の構成割合の年次推移

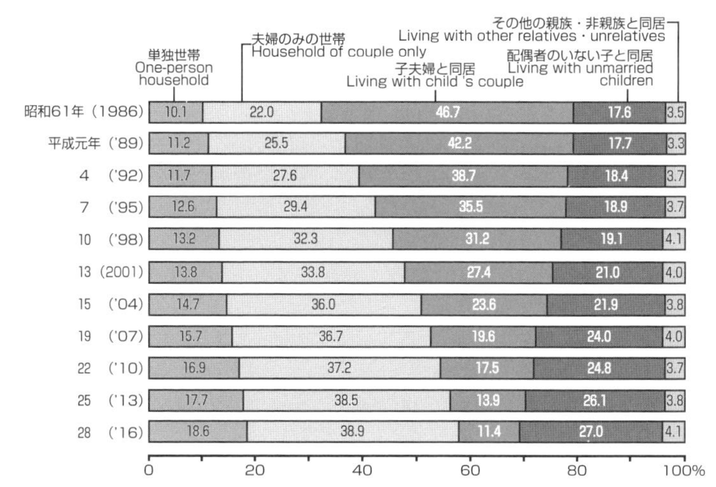

（出所：厚生労働省「国民生活基礎調査（平成28年）」を基に作成）

図表１－11　性・年齢階級別にみた65歳以上の者の家族形態

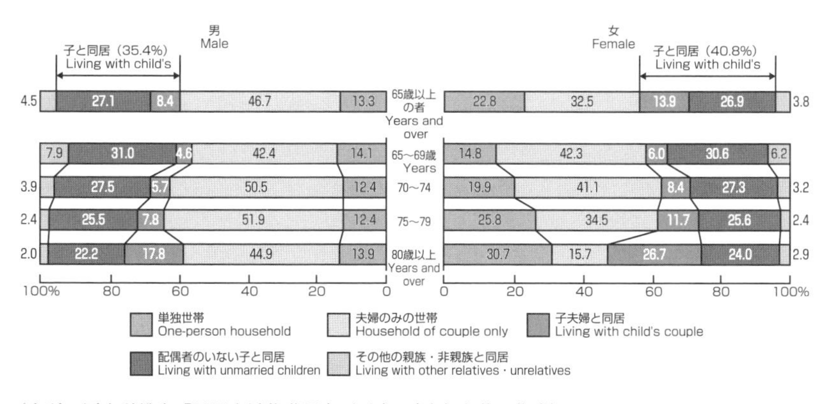

（出所：厚生労働省「国民生活基礎調査（平成28年）」を基に作成）

みよう[17]。１次活動（生理的に必要な活動）のうち、食事、身の回りの用事（洗顔、入浴、トイレ、身じたく、着替え、理美容等）を見ると、夫婦のみ世帯は、全体や独身の人と比べてゆっくり食事をしている。独身の人は身の回りの用事に時間をかけている。

図表１－12　65歳以上の人の平均生活時間

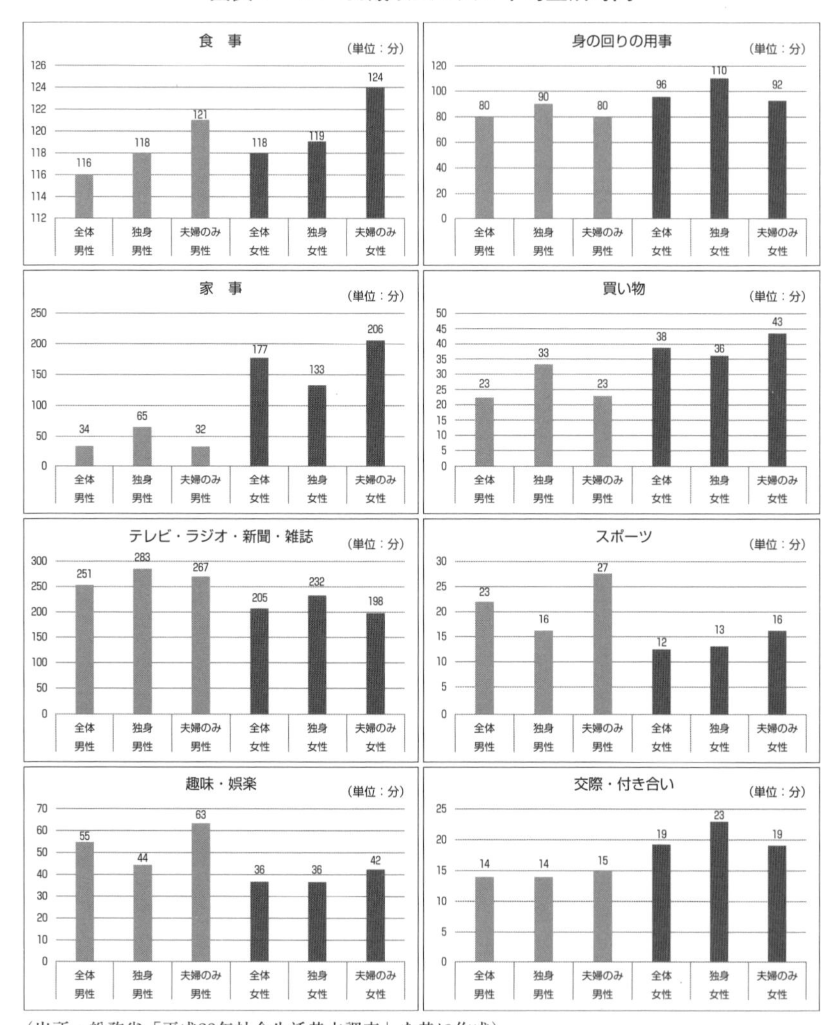

（出所：総務省「平成28年社会生活基本調査」を基に作成）

２次活動（仕事、家事など社会生活を営む上で義務的な性格の強い活動）のうち、家事と買い物は男女差が大きい。女性は家事や買い物をしている時間が長い。独身男性も男性の中ではこれらの活動に多くの時間を割いている。

図表１－13　高齢者のふだん、親しくしている友人・仲間

	友人・仲間はいない	少しいる	普通	たくさんいる	わからない
男性　未婚	22.9	18.8	52.1	6.3	
男性　既婚（配偶者と死別）	13.8	33.3	34.5	18.4	
男性　既婚（配偶者と離別）	7.7	25.6	51.3	15.4	
女性　未婚	8.1	37.8	32.4	21.6	
女性　既婚（配偶者と死別）	7.0	22.9	41.0	28.4	
女性　既婚（配偶者と離別）	7.4	19.8	48.1	24.7	
男性　夫婦のみ世帯	8.0	26.3	41.8	23.5	0.5
女性　夫婦のみ世帯	3.6	23.0	44.7	28.8	0.0

（出所：内閣府「高齢者の健康に関する調査（平成29年度）」を基に作成）

３次活動（自由時間における活動）のうち、テレビ・ラジオ・新聞・雑誌にかける時間は非常に長い。特に独身の人は長めである。スポーツ、趣味・娯楽に向ける時間は夫婦のみ世帯の男性が長く、交際・付き合いについては独身女性が長い（図表１－12）。

付き合いについてもうすこし詳しく見てみよう。「ふだん、親しくしている友人・仲間がどの程度いますか」という設問に対し、「友人・仲間はいない」と答えた割合に注目すると、未婚の男性の22.9％、配偶者と死別した男性の13.8％の高さが目立つ。女性は男性より友人・仲間が多くいるようだ。未婚の女性はその他の女性と比較して友人・仲間が少ない傾向はあるものの、未婚の男性ほど「友人・仲間がいない」と回答した人の割合の高さは顕著でない。配偶者と死別した女性についても、特段友人・仲間が少ないという傾向はなさそうだ（図表１－13）。

「家族や友人などとあいさつ程度の会話や世間話をどのくらいしているか」という問いについては、未婚男性と、配偶者と離別した男性の

図表１－14　高齢者の家族や友人などと、あいさつ程度の会話や世間話（電話も含む）

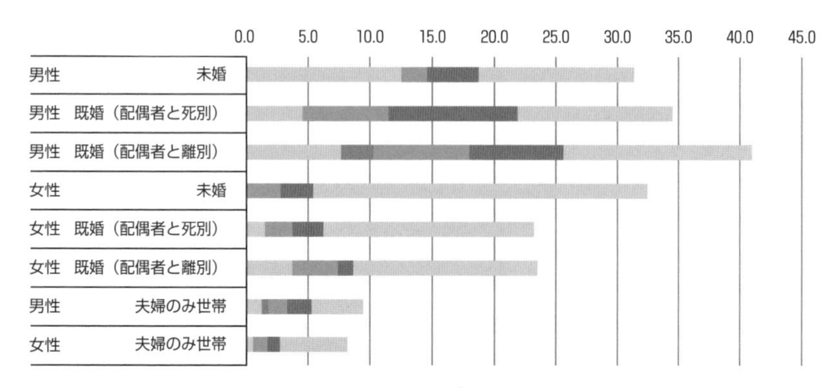

（出所：内閣府「高齢者の健康に関する調査（平成29年度）」を基に作成）

頻度の低さが顕著だ。女性は男性より、一般的に会話の頻度が高く、ほとんど会話をしない、と回答したのは配偶者と死別・離別した女性に多い。未婚の女性は毎日ではないまでも、月に数回以上は会話をしているようだ（図表１－14）。

女性は配偶者の有無にかかわらず、生活上の義務的活動をしながら人付き合いをしている。一方、男性は配偶者の有無で生活がかなり異なる。70歳前後の男性と話をしていると、「とにかく妻が大事だ」という発言を聞くことが多い。現役世代が冗談交じりで「妻が怖い、怒られる」と話しがちなのに対し、退職後は、妻を大切に思っていることがてらいなく語られる。妻の側からそのような発言を聞くことは稀だ。むしろ、「退職してからというもの、毎日家にいるからおやつまで出さないといけないのよ」といった愚痴が多い。

データからも、男性は女性に比べて、配偶者の有無や死別による人付き合いへの影響が大きく、男性にとって配偶者が人とのつながりや会話の主なチャネルになっていると推測できる。悠々自適のようにみえても、いったん「妻」というチャネルを失うと、地域とのつながりが減り、場合によっては子供とも疎遠になってしまうのかもしれない。そんな悠々自適の危うさをどれだけの男性が感じているか、非常に疑問だ。

(2) 増加する「身元保証人がいない」問題——矛盾を埋めてくれる人がいない

以下は、ある大病院のホームページの記載だ。

＜入院誓約書の記入上の注意点＞

入院誓約書に本人、身元引受人、連帯保証人の方の署名・捺印をお願いいたします。

なお、身元引受人はご家族など同一世帯の方をお願いしております。連帯保証人につきましては、患者様と別世帯の方で、支払能力を有する成年者（独立生計者）をお願いしております。

お一人でお住まいの方は、身元引受人および連帯保証人は別世帯の方にお願いしております。また、身元引受人と連帯保証人は異なる方をお願いしております。身元引受人・連帯保証人の署名・捺印が困難な場合は、１階「入退院受付」にてご相談ください。

高齢期は、若い人に比べて何らかの理由で入院、入所する可能性が高い。その時によく求められるのが、このような同じ世帯の人、別世帯で支払い能力を有する人、といった条件付きの保証人（引受人）だ。同居の配偶者と支払い能力のある子供をセットで用意できれば、これらの条件はクリアできる。しかし、高齢者世帯の小規模化により条件をクリアできない人が増えている。その場合、入院や入所がスムーズにできない可能性がある（厚生労働省から、保証人がいないことを理由に入院や入所を断ってはならない旨の通知は出ているが[18]、

図表１－15　高齢者の世帯類型の変化と身元保証等高齢者サポート事業者数

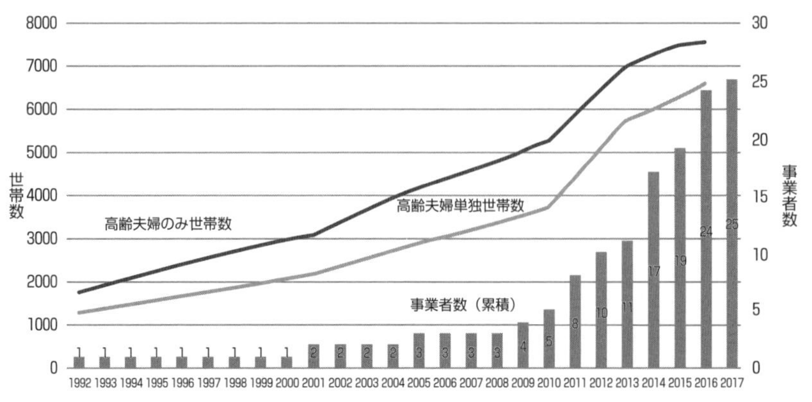

（出所：日本総合研究所「地域包括ケアシステムの構築に向けた公的介護保険外サービスの質の向上を図るための支援のあり方に関する調査研究事業（2017）」を基に作成）

保証人を求めることは禁じられていない)。こうしたニーズを捉えたのが、身元保証人を有償で引き受けるサービス（身元保証等高齢者サポート事業）だ（図表１－15)。

身元保証人に求められる役割は、単に誓約書にサインするだけでなく、費用の支払いから、身の回りの世話、治療やケアの計画の説明を本人と一緒に（あるいは本人の代わりに）聞くこと、本人が亡くなった後の葬儀・埋葬・遺品整理までを含む。そのため、身元保証人のサービスを提供するには、複雑な契約が必要となり多額の費用がかかる。多くの事業者が「家族代わり」をうたっているが、従来家族が果たしている高齢者支援機能を契約書として定義し、コストを計算したら複雑かつ高価にならざるを得ない。

こうしたサービスが生まれる背景には、高齢期に自力で生活を続けることの難しさがある。高齢期には様々な変化が起きる。例えば、視力が低下して車の運転ができなくなったり、妻が入院して食事を作れなくなったりする。そのような変化を経験すると、情報処理や判断のための余力がない状態で、変化に対応するための新しい判断をしなければならない。先の例でいえば、車の運転に代わる新たな移動手段、食事の新たな調達方法など、これまでにしたことのない判断が求められる。最終的には、死亡したから必要になる手続きも行わなければならない。従来は、家族、親族、地域のつながりが、比較的自然な成り行きの中でこうした矛盾を埋めてきたのだが、今後は成り行き的な支援が得にくい人が増える。その一つの現れとして、金融機関や携帯電話店などの窓口サービスで高齢顧客への説明や相談にかける時間が増え、従業員が疲弊しているという話がある。高齢者と他者との最も自然な接点が、今や民間の窓口サービスだけになっているのかもしれない。

4 シニアの幸せに足りないものは何か？

(1) お金が足りない？——2000万円あればいいのか

金融庁の設置した金融審議会市場ワーキング・グループが、2019年6月に「高齢社会における資産形成・管理」報告書を取りまとめた。その中に記載されている、高齢夫婦無職世帯の実収入と実支出の差は月5.5万円であり、30年その状態が続くとおよそ2000万円の取り崩しが必要になる、という一文が、「公的年金だけで老後の生活は成り立たないのか」「国民に不安を与える」などの論調で国会やマスコミでセンセーショナルに取り上げられ、金融担当大臣が報告書の受け取りを拒否する事態となった。

2000万円は、もともとはワーキング・グループの検討過程で、家計調査から算出された数字だ。月に5.5万円の赤字を30年続ければ2000万円になるのは単純な掛け算の結果だが、月に5.5万円赤字といわれるより、30年で2000万円赤字といわれたほうが恐ろしく感じる人が多かったのだろう。

この検討自体は、デジタライゼーション等の技術的進展を受け、顧客にとって利便性の高い金融サービスを提供できるチャンスが広がっており、金融機関は既存のビジネスモデルを変革すべきだ、という問題意識が起点となっている。

さらに、人生の長期化、経済情勢、ライフスタイルの多様化などによって、終身雇用や年功序列、三世代同居といった標準的なライフプランのベースが消失していることを鑑み、個人が「今後は自らがどのようなライフプランを想定するのか、そのライフプランに伴う収支や資産はどの程度になるのか、個々人は自分自身の状況を「見える化」した上で対応を考えていく必要があるといえる。」と指摘している（下線は筆者）。さらに、認知・判断能力の低下への個人の備えや、金融サービス提供側の適切な対応の必要性も指摘されている。

同報告書は、個々人が直面する事態を避け、それゆえに不安を感じている現状に真正面から現実を突きつけた。高齢期には収入は支出に対して足りなくなるから貯金を取り崩すことになる、そして、標準的な解決策はなく、できれば若いうちから自分で考え、資産を形成しておかなければならないということだ。

国民に不安を与えてはならないという主張があるようだが、不安があるからこそ対策をするのであり、本来は広く読まれるべき報告書だと筆者は考えている。

同報告書は、現役期、リタイヤ期、高齢期に対して、個々人にとっての資産の形成・管理の心構えを以下のように提示している。

①　現役期

長寿化に対応し、長期・積立・分散投資など、少額からでも資産形成の行動を起こす時期で、例えば、以下のような対応が有効と考えられる。

＊「人生100年時代」において、これまでよりも長く生きる人が多いことを前提に、老後の生活も満足できるものとなるよう、早い時期からの資産形成の有効性を認識する。

＊生活資金やいざというときに備えた資金については、元本の保証されている預貯金等により確保しつつ、将来に向けて少額からでも長期・積立・分散投資による資産形成を行う。

＊自らにふさわしいライフプラン・マネープランを検討する（必要に応じ、信頼できるアドバイザー等を見つけて相談する）。

＊金融サービス提供者が顧客側の利益を重視しているかという観点

から、長期的に取引できる提供者を選ぶ。

②　リタイヤ期前後

リタイヤ期以降の人生が長期化していることに対応し、金融資産の目減りの抑制や計画的な資産の取崩しに向けて行動する時期である。人によって、退職金などの多額のお金が入ったり、働き方に変化が生じることが想定されるため、これらを踏まえた対応が必要と考えられる。

＊退職金がある場合、早期の情報収集と使途の検討及び退職金を踏まえたライフプラン・マネープランを再検討する。

＊必要に応じ、収支の改善策を実行する。

＊長い人生を見据えた、中長期的な資産運用の継続（長期・積立・分散投資等）とその後の計画的な取崩しを実行する。

③　高齢期

資産の計画的な取崩しを実行するとともに、認知・判断能力の低下や喪失に備えて行動する時期で、心身の衰えに関わらず金融サービスを引き続き享受するために、事前の準備や対応が必要と考えられる。

＊心身の衰えを見据えてマネープランを見直す（医療費、老人ホーム入居費等）。

＊認知・判断能力の低下や喪失に備え、取引関係の簡素化など心身の衰えに応じた対応を図る。また、金融面の本人意思を明確にしておき、自ら行動できなくなったとしても、他者のサポートにより、これまでと同様の金融サービスを利用しやすくしておく。

実際に、個人がこういった心構えを持ち実行するのは相当難しい。先が見通せずに困惑しているのは制度側だけではなく個人も同じだ。

ないのはお金ではなく、誰もに当てはまるような標準的なライフプランということだ。

また、ライフプランを考えて資産形成に取り組んだとしても、それが成功するかどうかはわからないまま(むしろ失敗はわかりやすい)、不安を抱えて生きていかなければならないことに変わりはない。金融サービスがこういった難しさや不安を少しでも緩和するものになることを願うばかりだ。(報告書にはそのための金融サービスの在り方が提言されている)。

(2) やることがない?——年齢刻みで役割が決まってきた社会

生産年齢人口(15歳～64歳)はすでに減少し始めており、日本の労働力不足は深刻となっている。そこで「一億総活躍社会」の名のもとにあらゆる人が「活躍」する方向が示されている。家庭、職場、地域が活躍の場として例示はされているが、中心はやはり就労といえる。実際に、労働力人口に占める65歳以上人口の割合は増加しており、就労・求職における高齢者の存在感は増している(図表1－16)。

年齢別にみると、収入のある仕事をしている割合は、男性は65歳以前でかなり高く(図表1－17)、就労の第一の理由は「収入が欲しい」となっている。65歳以降では収入のある仕事をしていない人が増える。就労の理由は、収入から、面白さや自分の活力、体にいいことや老化を防ぐことに重点が移っていく。女性も傾向は同じだが、面白さよりも体にいいことや老化を防ぐことを重視しているようだ(図表1－18)。75歳以上の就業状況を見ると、男女とも農業・林業や、卸売・小売が多く、自然との対峙や、人とのコミュニケーションが活力に結びついている可能性が示唆される。

高齢になるほど自営業の割合が高くなっており、もともとの仕事を

図表１－16　労働力人口の推移

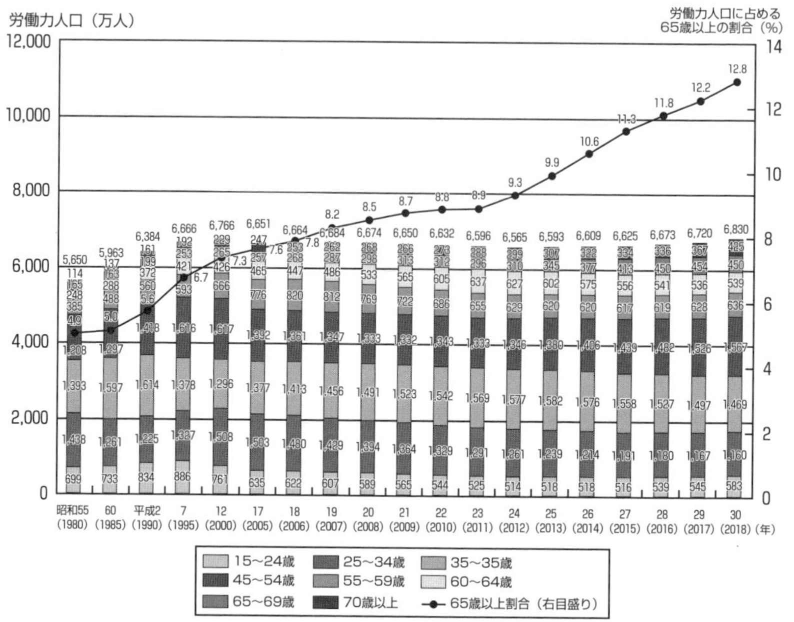

資料：総務省「労働力」
（注1）「労働力人口」とは、15歳以上人口のうち、就業者と完全失業者を合わせたものをいう。
（注2）平成23年は岩手県、宮城県及び福島県において調査実施が一時困難となったため、補完的に推計した値を用いている。
（出所：総務省「労働力調査」を基に作成）

高齢になっても続けるのが、現在の高齢就労者のパターンだろう。一方で、産業構造上は農業、卸売・小売業は就労者が減少し、自営業より被用者が圧倒的に多くなっていることを踏まえると、定年前後でのギャップは大きくなる可能性がある。政策的には、企業が高齢の従業員を継続雇用すること、高齢者の再就職を支援すること（ハローワーク）、地域で働いたり社会を支える側に回ること（シルバー人材センター）が講じられているが、被用者のキャリア継続や再構築は喫緊の課題だ。

図表１－17　収入のある仕事をしている高齢者の割合

（%）

		収入のある仕事をしている	収入のある仕事はしていない	収入のある仕事はしていないが、仕事を探している
男性	55～59歳	96.6	3.4	-
	60～64歳	81.7	17.0	1.3
	65～69歳	51.6	46.0	1.9
	70～74歳	37.0	62.4	0.5
	75～79歳	20.3	79.7	-
	80歳以上	10.9	89.1	-
女性	55～59歳	63.6	34.7	1.7
	60～64歳	59.8	39.7	0.6
	65～69歳	34.2	65.3	0.5
	70～74歳	24.4	75.1	0.5
	75～79歳	13.8	86.2	-
	80歳以上	6.4	93.6	-

（出所：内閣府『高齢者の健康に関する調査（平成29年度）』）

図表１－18　高齢者の就労の理由

（%）

		収入がほしい	面白い、自分の活力になる	友人や仲間を得ることができる	働くのは体によい、老化を防ぐ
男性	55～59歳	83.2	13.3	1.8	0.9
	60～64歳	72.0	10.4	2.4	9.6
	65～69歳	54.5	15.5	3.6	20.9
	70～74歳	40.0	18.6	7.1	21.4
	75～79歳	34.6	23.1	7.7	30.8
	80歳以上	21.4	35.7	7.1	21.4
女性	55～59歳	72.0	12.0	2.7	4.0
	60～64歳	51.4	23.4	5.6	14.0
	65～69歳	52.0	17.3	5.3	18.7
	70～74歳	46.8	21.3	2.1	17.0
	75～79歳	25.0	37.5	-	25.0
	80歳以上	25.0	25.0	8.3	33.3

（出所：内閣府『高齢者の健康に関する調査（平成29年度）』）

社会的な活動を行っているかどうかを見ると、男性では「特に社会的活動はしていない」人が6～7割を占めており、行っている場合の内容としては町内会や自治会の活動が多い。社会的活動をしていない理由としては、65歳より前では「時間の余裕がない」、が多くなっており、就労している人が多いことが推測される。75歳以降になると「体力的に難しい」、という回答が増えるので、65歳から75歳の間が社会的活動を増やすチャンスと考えられる。65歳から70歳までで社会的活動をしていない理由として、「活動の誘いがないこと」、「活動の情報がないこと」が挙げられ、70歳から74歳では「活動する意思がないこと」が多く挙げられている。退職直後の65歳から70歳の間になんらかの社会的活動に関わらないと、やる意思をなくしてしまう男性の姿が見て取れる。逆にいえば、65歳前後に活動に関する誘いや情報があれば、スムーズに移行できるチャンスがありそうだ（図表1－19）。

女性も社会的活動の有無については同じような傾向にあるが、年齢を経るにしたがって社会的活動を行わない理由が、「時間的余裕がないこと」から「体力的に難しいこと」、にきれいにシフトしている（図表1－19）。ただし、女性は先に生活時間で見た通り、もともと家事等の義務的な活動や対外的なお付き合いをしているので、この調査で問われている、どちらかというとフォーマルな活動以外の領域で社会的活動を行っている可能性がある。ただし、これらは専業主婦を長く続けている女性が多かったことを反映した結果と考えることもできる。女性の就業率が高まっていることを踏まえると、今後は女性も男性と同様、定年後に何をするか、という課題に直面するようになるだろう。

図表1−19　社会的な活動をする理由・しない理由

（%）

		活動をする仲間がいない	活動の誘いがない	精神的な負担が大きい	時間的な余裕がない	体力的に難しい	活動に関する情報がない	活動を行っている団体がない、入りたいと思う団体がない	活動をする意思がない
男性	55〜59歳	7.7	15.4	-	61.5	7.7	6.4	12.8	12.8
	60〜64歳	7.9	11.9	4.0	49.5	6.9	4.0	8.9	21.8
	65〜69歳	8.8	19.7	4.1	32.0	19.0	12.9	8.2	16.3
	70〜74歳	4.8	10.4	1.6	26.4	17.6	4.8	4.8	28.8
	75〜79歳	6.3	13.8	3.8	15.0	40.0	10.0	10.0	17.5
	80歳以上	4.0	4.0	2.0	8.1	50.5	1.0	5.1	28.3
女性	55〜59歳	7.5	10.0	8.8	58.8	11.3	12.5	6.3	13.8
	60〜64歳	3.1	10.1	2.3	49.6	16.3	10.1	7.8	16.3
	65〜69歳	3.6	6.4	5.7	41.4	23.6	10.7	4.3	21.4
	70〜74歳	5.6	3.2	5.6	21.6	34.4	8.0	4.0	24.0
	75〜79歳	4.1	4.1	0.8	17.9	42.3	7.3	6.5	18.7
	80歳以上	6.4	3.8	2.6	7.1	64.1	0.6	1.3	20.5

（出所：内閣府『高齢者の健康に関する調査（平成29年度）』）

以上から、定年までの間は時間的余裕がなく地域の活動やボランティア等の社会的活動に参加できず、定年した後は社会的活動に関心があっても上手く情報が取れず、やる気を低下させたり、体力がなくなってしまう人が多くいることが推測できる。

厚生労働省は「生涯現役促進地域連携事業」として、地域単位の高齢者の就労マッチングの仕組みを推進している（図表1−20）。

その中の事例から見えてくるのは、人手を求めている仕事（例えば介護の領域）と、定年後の高齢者ができること・やりたいことのミスマッチが大きいという難しさである。定年してホッとしたところから、ミスマッチを乗り越えても就労・社会参加したい、というレベルまで

図表1－20　生涯現役促進地域連携事業イメージ図

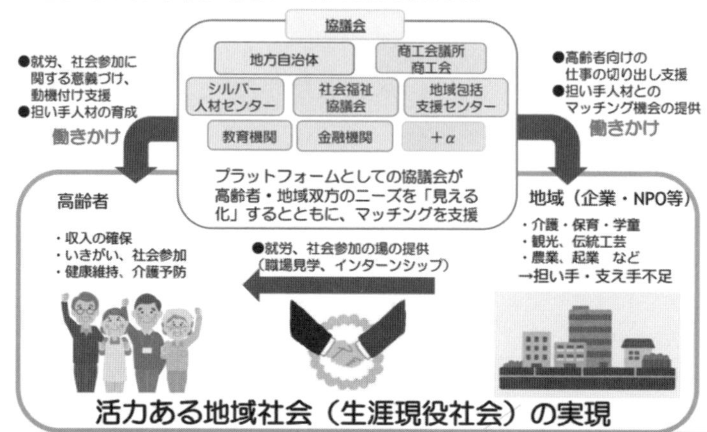

（出所：厚生労働省ホームページ）

高齢者の動機を高めることは簡単ではないが、この点をクリアしない限り機会を逸する人は減らない。やることがないというよりは、やりたいことが見つからない、やりたい気持ちを高める仕掛けがないことが課題なのだ。

「定年後」や「セカンドライフ」を考えよう、という働きかけはなされているものの、40年余り安定的に続いてきた「ファーストライフ（企業人としての生活）」とのギャップを連想させ、考えること自体に不安や苦痛が伴うのかもしれない。だとすれば、ギャップをなくすこと、つまりファーストライフのあり方やファースト・セカンドを年齢で区切る考え方を見直し、人生を連続性のあるものとして捉えられる仕組みが必要ではないだろうか。

(3) 仲間がいない？——「誰かと仲良く、好きなことをする」普通の幸せが難しい

友人や仲間との付き合い方は人によって異なる。高齢になると、自分と価値観の合わない人と無理に一緒にいるよりは、一人でマイペースに過ごすことを好む人が多くなる。一方で、精神的な支えとしても、何か起こった時の助けを得る手段としても、人とのつながりは一定程度必要だ。

英国政府が、2018年１月に「孤独問題担当国務大臣」を任命したことが大きなニュースとなった。孤独は社会的な状態でもあり、心理的な状態でもある。それを正面から「問題」として国が解決する姿勢を見せたことが各国に驚きを与えた。孤独の問題は全年齢に関連しているが、高齢期の孤独は特に注目されている。英国公衆衛生庁が2019年３月に発行した「Productive Healthy Ageingのための介入メニュー」でも、通常の高齢者支援メニューによくある、転倒予防や身体活動、低栄養、認知症に対する介入策に加えて、社会的孤立と孤独への介入策が盛り込まれている（Productive Healthy Ageingの概念の日本語訳はまだないが、身体的な健康だけではなく、経済的に安定していること、認知的・身体的余力や学習機会といったレジリエンスがあること、周りとのつながりがあること、生きがいがあることが含まれている）。このメニューの中では、社会的孤立と循環器疾患のリスクとの関連や、孤独がストレスとなってその他の慢性疾患や健康を害する行動に結びつくこと、社会的孤立は独居の高齢男性によく見られることが指摘されている。社会的孤立は１日15本喫煙するのと同じくらい健康に悪い、という研究結果も紹介されている。

英国の「孤独を止めるキャンペーン（Campaign to End Lonliness）」のウェブサイトでは、窓の外を眺める高齢男性の写真に、「さみしい気持ちだ。私に何ができるだろうか？」というキャプションがついている。

図表１－21　英国の「孤独を止めるキャンペーン」ウェブサイト

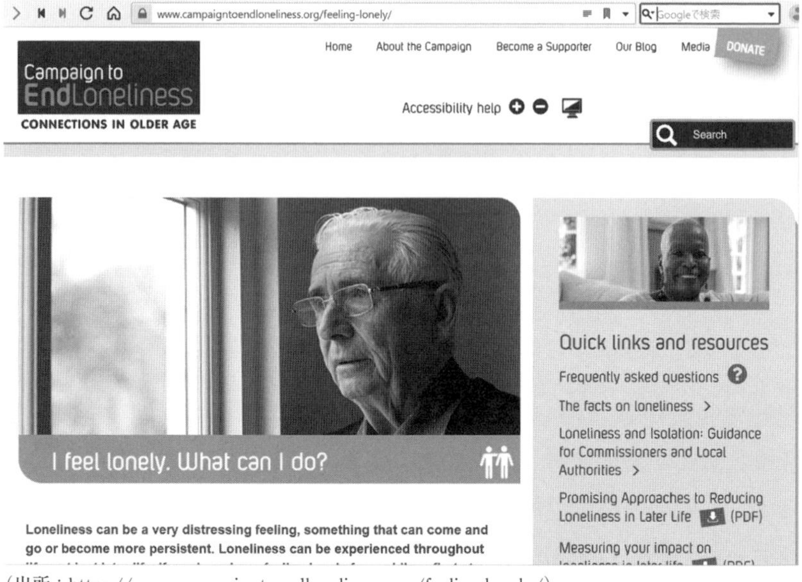

（出所：https://www.campaigntoendloneliness.org/feeling-lonely/）

具体的にできることとして、電話やソーシャルメディアで友達に連絡してみる、新しいつながりに時間を投資してみる、深いつながりを求めるだけでなく店員やバス停にいる人とちょっとした挨拶をしてみる、Facebookやメッセンジャーを使って友達と新しい友達を作る、などが提案されている。

日本の高齢者も、特に男性は、配偶者がいないことにより人付き合いをなくしがちであることは先に述べた。同僚など、長い付き合いがあり、気心が知れた既存の仲間は時が進むにつれて減りこそすれ増えることはない。何もしなければ自然と孤独に向かうのが高齢期の生活だ。英国のキャンペーンで意図されているように、「さみしい気持ちがあること」を自ら認識し、「自分に何ができるか」を考え、小さくてもいいからコミュニケーションをとってみるという、高齢者の行動変容を促すことが必要だろう。

5 人生100年時代に向けた動き

(1) 地域でつながりを増やしながら活躍するシニア

人生100年の不安をここまで様々な切り口で語ってきたが、今後の人口構成を考えた時、高齢者が「お世話される」だけの存在になってしまったら、若年者の生活も成り立たない。逆に、高齢者が積極的に活動することができれば、若年者の生活を直接・間接に支えることも可能になり、地域に希望が生まれる。いくつか実例を紹介しよう。

① 大山団地の取り組み（東京都立川市）[19]

大山団地は1300世帯、人口3100人の集合住宅で、高齢化率は29%だ。自治会が中心となり、孤独死ゼロを目標にした住民同士の見守り活動や、民間より割安な費用での自治会葬を実施している。活動の中心は、長く自治会活動に関与してきた高齢女性だ。子育て支援、ボランティア組織の運営、さらには三宅島の噴火や東日本大震災の被災者の受け入れも行ってきた。経験のある熟年の自治会役員と若い自治会役員が協力し、住民のニーズに迅速に応えている。

② ドリームハイツの取り組み（神奈川県横浜市）[20]

ドリームハイツは1970年代に分譲された人口7000人の集合住宅団地だ。交通の便の悪さ、当時の行政サービスとの距離から、「陸の孤島」のような状態だったことが、逆に住民独自の活動の動機となった。1970年代に、子育て施設の不足から自主保育施設を立ち上げた経験を持つ住民を中心として、高齢化に対応したボランティアや配食サービス、交流の場づくりを行っている。子供たちの学習支援も行っている。70代の女性を中心として、住民たちが緩やかに連携している。有志が地域の課題に応じて独自に団体を立ち上げ、試行錯誤しながらサービスを提供するといった取り組みパターンが特徴だ。

③　ら・ふぃっとHOUSEの取り組み（広島県広島市）[21]

広島市の美鈴が丘団地（大規模住宅団地）は、1970年代後半に開発された。地域住民の高齢化、一人暮らしの増加、孤立化、世代間交流の減少が問題となっていた。「年を重ねても楽しく暮らしていける団地にしていきたい」と活動を計画していた地域住民グループと、介護福祉系のNPO法人が協働して、世代を超えて誰もが気軽に立ち寄れるコミュニティスペース「ら・ふぃっとHOUSE」をオープンさせた。利用者が近隣の方に声をかけ仲間を増やしたり、サービスを提供する側にも回ったりと、提供する側とされる側の隔たりがない。楽しむ場であるだけでなく、人の役に立てる生きがいを実感できる場となっている。広島市が住宅団地の活性化に向けて目指している「住み続けられるまちづくり」「多様な世代が集うコミュニティの再生」のための先進的な取り組みだ。

いずれも、高齢の女性たちを中心として、長い間地域の課題解決に取り組み続けている事例だ。ただし高齢になってから活動を開始したわけではなく、子育て時代にPTA活動を共にしたり、保育サービスを作るなどの経験があったところから活動が始まっている。時間や体力だけでなく、過去の連帯関係というリソースを、新たな地域課題の解決に投じているのだ。近年は、退職して地域に戻ってきた男性も仲間に巻き込みながら活動している。自治会は男性主体で組織の形式を重んじることが多い中、これらの活動は女性が主体で、生活の中の課題をいち早く発見し、迅速かつ柔軟に対応しているという特徴がある。生活者として地域や住民を知り尽くし、誰が活動に協力してくれそうかを見定めて口説くことも共通点だ。

これらの活動は自治体や民間企業には難しい、生活者目線でのミクロな問題解決という点で、地域の生活を本当に支える重要な取り組みといえる。若い世代が自分の仕事や子育てで手一杯な中、過去の連帯と経験を活かした挑戦ができることは高齢者ならではの強みだ。

自分たちのことは自分たちで解決策を考える、自治会などのフォーマルな組織や自治体の補助等はうまく組み合わせて使う、といった基本姿勢は、公的なサービスが今ほど行き渡っていない時代に培われたものかもしれない。彼らの活動から恩恵を受けるだけでなく、公的サービスの拡充が期待できない将来に向けて、若年者も彼らの基本姿勢に学ぶことができるだろう。

(2) 現在ならではのコミュニケーションで、自分を支えるつながりを作る

人生100年は長く、自由で、元気な老後の時間を我々に与えようとしている。その時間の使い方を十分に見通せず、お手本となる既存のコースもないことが、人生100年という言葉に我々が感じる不安の根源だ。高齢期はそれまでに歩んできた道、積み重ねてきたものの延長であり、誰かがレールを敷いてくれることは期待できない。人生の締めくくりに向けて、それぞれが幸福に生き抜くためには、自分でレールを敷き続けなければならない。そのことは自分でレールを敷けなくなった時のために、材料や行き先を用意しておくことも含んでいる。本章の締めくくりとして、次章以下の議論の前提となる観点を以下に示す。

i　自分の有するリソース（時間、体力、スキル、金銭等）をどのように維持し、活用するか（リソースの流通）

金融審議会市場ワーキング・グループの提言した通り、標準的なライフコースがない中で、自らの資産形成を図ることはすべての人にとって重要だ。我々の有するリソースは金銭だけではない。例えば時間も１つのリソースで、有効に活用すれば新たな価値を生み出す可能性がある。家族との関係もそうだ。リソースを活用する（例えば、入院した時に手伝ってもらうなど）ためには日ごろからコミュニケーションを取るなどの維持活動が必要だ。自分がどれだけのリソースを持っているのか認識し、リソースを維持管理し活用することの繰り返しが、真の意味での悠々自適を可能にする道だ。

ii　死に向かって起こる変化と、求められる生活上の意思決定や実行の間の溝をどう埋めるか（情報の流通）

衰えにくくなった、死ににくくなったとはいえ、死に向かって徐々に（時には急激に）認知機能や身体機能は低下していく。機能低下に即して新たな判断が迫られ、確実に起こる死への備えもしなくてはならないが、少子化・単身化によって、当然の義務としてこの矛盾を補ってくれる人はいなくなる。子供がいても、親族や地域という支えがない中、子供だけで親の老後を背負うことは現実的ではない。妻がいるから、夫がいるから、子供がいるから、といって終わりにせず、誰もがこの問題に備えておかねばならない。

今のところ、この課題に対する標準的な解はまだ見出されていないが、周囲の人が支援する際の「この人にとってふさわしい判断とは何か」を推測するプロセスの負荷軽減は重要だろう。その一つのカギが、ふさわしい判断の基準となる「価値観」をはじめとする個人的な情報を利用可能にしておくことである。例えば、人と一緒にいることが好きなのか、一人でいる方が好きなのかがわかることは、その人のケアの場所を決める時に有用な情報となる。

ｉのリソースの維持活用、ⅱの機能低下に即した意思決定・実行の在り方は、個人がそれぞれ対応すべき課題である一方、他者とのつながりが確実に必要になる。逆に、現役時代やかつての「隠居」は、仕事や子育てや地域活動といった枠組みでのつながり、家族とのつながりなどを通じてリソースが維持活用され、意思決定が支援されてきた。現代の高齢期はそういった既存のつながりが失われ、リソースの維持活用や意思決定が難しくなる側面がある。

一方、現代の高齢者には、従来の高齢者にはないつながりの手段がある。デジタル技術である。デジタル技術を使えば、これまでのつながりのような制約がなく（例えば、会えなくなるとつながりが無くなる、など）、いつでも、いつまでもつながりを持ち続けることができる。なにより、気軽に始められる。

たとえば、離れたところに住む友人と旧交を温めるとして、少し前なら出かけて行って対面する、手紙を送る、電話をする、といったコミュニケーションが必要だったが、現在はスマートフォンがあれば、お互いの自由な時間にメールやLINEなどで負担なく交流したり、遠隔地でも顔を見て話すことが可能だ。それは指先一つで可能で、物理的な壁はほとんどない。「友人と旧交を温めよう」という動機さえあれば、誰にでも容易に実現できる。

先に紹介した、シニアの地域での活躍の事例では、顔見知りに頼った活動に限界があることが共通の課題となっていた。地域にはまだまだたくさん、活躍できる高齢者がいるはずだが、それまでの知人関係に含まれていない人へアプローチするのが容易ではないのである。身近な地域についても、まずはデジタル技術で、課題への関心を高めたり、自分のスキルを活かす機会を発見したり、気軽に人と知り合うことができれば、自然な形で動機を高め、新たな生活を拓き続けることができるはずだ。

現在の高齢者には人生100年時代の課題に向き合うためのツールがあるのだ。

---

[1] 「人口統計資料集2020年版」社会保障・人口問題研究所

[2] 「第3回人類と感染症との闘い－「得体の知れないものへの怯え」から「知れて安心」へ―「結核」―化石人骨から国民病、そして未だに」加藤茂孝、モダンメディア55巻12号、2009

[3] 「死亡パターンの歴史的変遷」堀内四郎、人口問題研究57巻4号、2001

[4] 「平成31年度版死亡診断書（死体検案書）記入マニュアル」厚生労働省

[5] 健康寿命の出所：健康寿命及び地域格差の要因分析と健康増進対策の効果検証に関する研究（平成28～30年度）、平均余命の出所：平成22年、平成25年、平成28年生命表

[6] 3に同じ

[7] 『21世紀への社会保障改革―医療と福祉をどうするか（勁草 医療・福祉シリーズ）』川上武、勁草書房、1997

[8] 「地域の医療介護入門シリーズ 地域の医療と介護を知るために：わかりやすい医療と介護の制度・政策（第4回）日本の医療制度の特徴は、その歴史から生まれた（その2）大正・昭和時代における公的医療保険制度の創設」厚生の指標63（12），43-46，2016

[9] 「平成19年版厚生労働白書」厚生労働省

[10] 「日本人の寿命伸長：要因と展望」堀内四郎、人口問題研究66巻3号、2010

[11] 『よくわかる高齢者心理学』佐藤眞一・権藤恭之（編）、ミネルヴァ書房、2016

[12] Happiness is everything, or is it ? Explorations on the meaning of psychological well-being.,Ryff,C.D., Journal of personality and social psychology 57（6），1989

[13] On the incomplete architecture of human ontogeny: Selection, optimization, and compensation as foundation of developmental theory., Baltes,P.B., American psychologist 52（4），1997

[14] Gerotranscendence: A developmental theory of positive aging.,Tornstam,L.,New York: Springer Publishing Company.2005

[15] The Influence of a Sense of Time on Human Development.,Carstensen,L.L.,Science,312（5782），2006

[16] 「高齢者の居住状態の将来推計」国立社会保障・人口問題研究所、2017

[17] 社会生活基本調査の公表データを使用しているため、単身世帯の代替として独身の人のデータを用いる。死別・離別による単身世帯のデータは含まれていない。

[18] 「身元保証人等がいないことのみを理由に医療機関において入院を拒否することについて」（平成30年4月27日 医政医発 0427第2号）、「市町村や地域包括支援センターにおける身元保証等高齢者サポート事業に関する相談への対応について」（平成30年8月30日、老高発0830第1号／老振発0830第2号）

[19] 「平成23年度 高齢者の居場所と出番に関する事例調査結果」内閣府（https://www8.cao.go.jp/kourei/ishiki/h23/kenkyu/zentai/pdf/jirei_11-12.pdf）

[20] 暮らしを支える活動を次々と展開するドリームハイツの仕掛け人の一人、地域問題研

究所、ちもんけん VOL.80、2012（https://www.chimo.or.jp/まちづくり情報-コラム/いもづるネットワーク/その45-46-47/）

[21] 第5回健康寿命をのばそう！アワード（https://www.smartlife.mhlw.go.jp/common/pdf/award/award_05_02.pdf）

第2章

「人生100年時代」は革新技術の時代

1 世界で進むシニアのデジタル化

(1) 脱「孤立化」のコミュニケーションの鍵はデジタル化

第1章に紹介した英国政府の取り組みでは、社会的孤立と孤独を、喫煙のように健康を害する要因として扱い、高齢者支援のメニューに介入策を盛り込んだ。「孤独を止めるキャンペーン」では、高齢者にできることとして、周りの人たちにちょっとした声掛け（挨拶）をしてみることに加えて、Facebookやメッセンジャーのような SNSツールの利用も勧奨されている。

高齢者の孤立として最も耳目を集めることが多いのは、いわゆる「孤独死」「孤立死」という、誰にも看取られず一人で死を迎える事態である。一人で死を迎える人は、家族構造の変化に伴って増加する一方だが、それについての社会的な価値観や、本人の望む通りの形で人生を終われるような仕組みについてはまだ議論が十分になされていない。その人が望むような生活をし、望む形で死を迎え、周りはそれを支援する場合、どうしたらその「望む形」を把握できるだろうか。地域では「見守り活動」として民生委員等が孤立していそうな高齢者との関りを持とうとしているが、高齢者はそれを干渉と感じ、関わりを拒否することも少なくない。民生委員のような地道な活動を行う人員も減っている昨今、ますます外からの見守りや寄り添いといったものに期待することは難しくなる。高齢者が主導権を握り、自ら情報を発信できる接点を創るという意味で、デジタルツールの利用は有効だと考えられる。

(2) 続々登場する高齢者向けデジタルツール

① スウェーデン：シニアも預金引き出しや公共・公益サービスでのオンライン利用が前提

スウェーデンでは、他国に先駆けて、国民の生活を豊かにし、国際競争力を強化することを目的として、1994年に政府内に首相を議長とする情報技術委員会が創設された。1998年１月に施行されたパソコン法によって家庭にパソコンが急激に普及し、通信網がもともと広汎に整備されていたこともあって、社会全体のIT化の水準が向上した[1]。そのため社会経済的な仕組みもデジタル化が進み、公的な手続きはインターネットで行うことが主流となっている。決済については、犯罪被害のリスクから現金の取り扱いが高コストとなり、デビットカードやクレジットカードといった決済手段が一般化した。近年は主要銀行が共同で作ったモバイル決済のサービスSwishが広く使われるようになっている[2]（図表２－１）。

図表２－１　スウェーデンで広く利用されている決済手段Swish

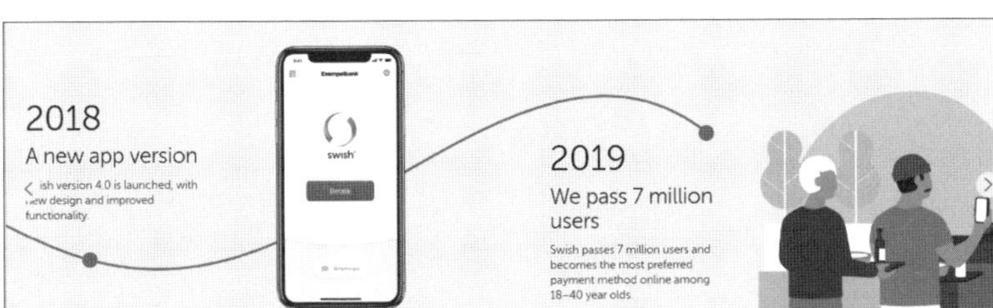

（出所：https://www.swish.nu/about-swish）

そのような状況に不利を感じる高齢者の団体から一定の現金取り扱いを残すよう求める動きがある一方で、高齢者のためのインターネット教室といった支援も盛んに提供されている。例を挙げると、難民の若者たちが、語学学校等の休暇や夏季休暇の間に、高齢者に対してコンピューターやスマートフォンなどのデジタル機器の使い方を教える

「ITガイド」という取り組みが始まり、多くの自治体がこれを取り入れるようになっている。高齢者にとっては、ITのリテラシー向上の機会と若者とのコミュニケーションの機会となり、難民の若者たちにとっては収入を得るだけでなく語学習得（お互いに話すスピードが遅くちょうどいい）や、社会参加の機会となっている点が面白い[3]。

②　アメリカ等：シニアをターゲットにしたオンラインサービスや機能補完アプリケーションの開発が進む

高齢者の増加は先進国共通の現象であり、高齢者市場に対する商品・サービスの開発は相当活発だ。米国では多くの高齢者が独り暮らしであり、日本のような介護保険もない中、自宅で暮らす高齢者を支援するためのITを活用した商品・サービスが、エイジングテック（Aging Tech）として着目されている。

高齢者というターゲットに対しては、１）認知機能低下に対処する、２）高齢者のみの生活を適度な距離で見守る、３）高齢者の生活を柔軟に支える、４）高齢者の生活を豊かにする、サービスがスタートアップを中心に多く開発されている[4]。たとえばアメリカのNeurotrack Technologies社（図表２－２）はアルツハイマー型認知症の発症を予測し、自分で脳機能を保つトレーニングを行うアプリを開発した。「ポケットサイズの脳ケアツール」としてスマートフォンで目の動きを解析し、その他のテストと合わせて現状の認知機能を測定する。さらに睡眠や脳機能トレーニングなど、認知機能の維持に役立つ生活習慣を取り入れさせるものだ[5]。Catalia Health社のAI搭載の対話型健康管理ロボット「マブ（Mabu）」（図表２－３）は、パーソナルヘルスコンパニオンとして高齢者と毎日会話し、性格や行動パターンを分析しながら、服薬や健康・医療のアドバイスを高齢者に伝達する[6]。

図表２－２　Neurotrack社のHP

（出所：https://www.neurotrack.com/jp/home）

図表２－３　Catalia Health社のMabu

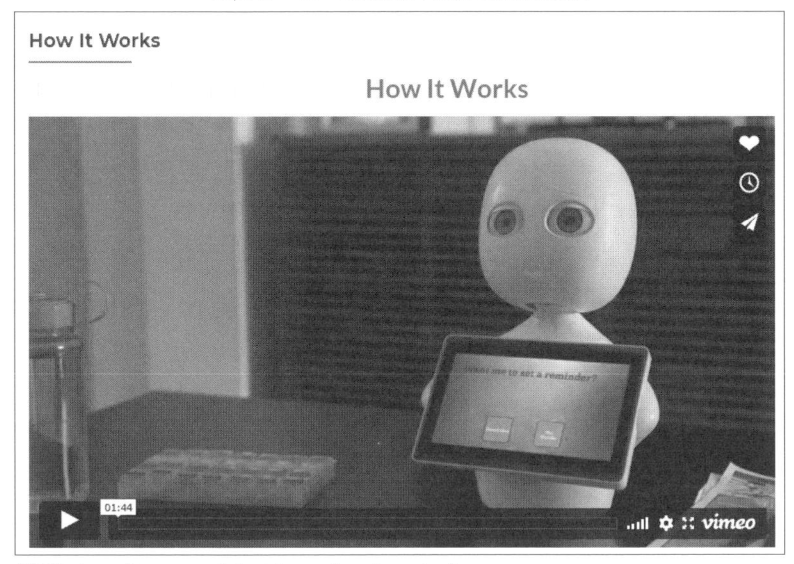

（出所：http://www.cataliahealth.com/how-it-works/）

図表２−４　Rendever社の「Virtual Reality for Seniors」

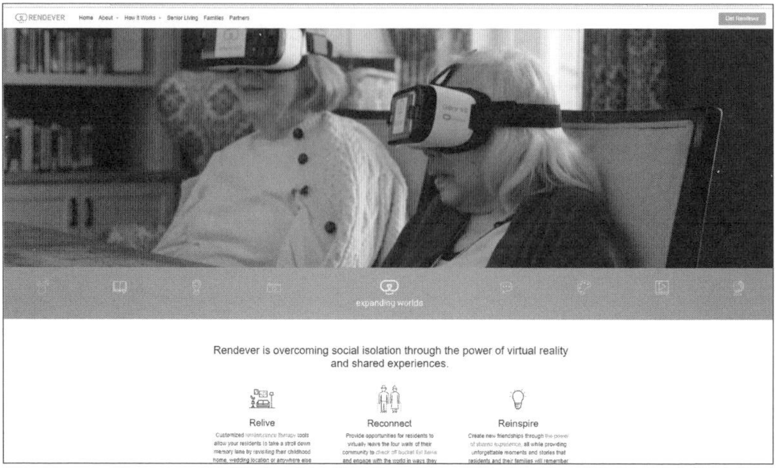

（出所：https://rendever.com）

また、Rendever社のサービス[7]では、VRデバイスの貸し出しを含めたサブスクリプションサービスを高齢者コミュニティに提供している（図表２−４）。VRを活用して旅行ができたり、スポーツ観戦をしたり、結婚式に参加したりできる。複数人で体験が共有でき、コミュニケーションを通じて認知機能が活性化される。

見守りや支援についても、高齢者の生活をセンサーで遠隔に把握し、普段と乖離した行動があった、あるいは転倒や徘徊等の異常を検知した場合には支援者に通報されるサービスが開発されている。

③　日本：自治体主導でシニア向けコミュニケーションロボット、スマートスピーカー、タブレットの導入が進む

2015年、2016年頃には通信事業者と自治体が連携し、高齢者にタブレットを配布して健康促進コンテンツや見守り機能を提供する実証事業が多く行われた。近年はコミュニケーションロボットやスマートスピーカーといった双方向性のあるツールの活用が進んでいる。

愛媛県西条市は2020年５月から、「『コミュニケーション・ロボットを活用したゆるやかな高齢者見守り支援』ＳＭＡＲＴ ＳＡＩＪＯ 〜支援・見守り・安心・ロボット・つながり 〜」を実施している。これは、西条市内在住の高齢者の自宅に「音声認識AIを内蔵した見守りロボットを設置し、SNS（ソーシャル・ネットワーク・サービス）を通じて、音声メッセージや写真等をやり取りしてコミュニケーションを図る（西条市HPより）[8]」事業である。（NECプラットフォームズのコミュニケーション・ロボット『PaPeRo i（パペロ アイ）』が用いられている）人口減少を見据え、支える側の負担を減らしながら、高齢者の寝たきり予防や認知症予防を実現することが事業の目的である（図表２－５）。

〈サービスの内容（西条市HPより）〉

- 毎日、朝・昼・夕の１日３回、ロボットが高齢者を見つけると、写真を撮って家族のスマートフォンやパソコンに送る「見守り機能」
- 家族と高齢者の間で音声メッセージや写真等をやりとりできる「コミュニケーション機能」
- 高齢者がロボットに話しかけて天気予報やニュース等が聞ける「音声リクエスト機能」
- 認知機能の維持や介護予防等、健康維持のための動画が視聴できる「うんどう機能」
- ロボットから高齢者に話しかける「声がけ機能」
- 部屋の様子を緊急に確認したいとき、ロボットの前面180度の写真をリモコンで撮影できる「緊急写真撮影機能」
- 照度センサーや加速度センサーの記録で、高齢者の生活の様子が分かる「パペロライブ機能」
- 家族が登録したお好みのビデオをYoutubeで観られる「Youtube視

聴機能」
- ロボットに自由に話しかけておしゃべりができる「おしゃべり機能」

鹿児島県西之表市も、株式会社オートバックスセブンと包括連携協定を結び、見守りAIロボット（ZUKKU）を[9]高齢者の自宅に貸し出し、地域の見守りサービスとして活用している（図表２－６）。高齢者は、生活の中で自然にロボットと会話するが、その会話の頻度や、「風邪を引いた」といった変調を知らせるキーワードは家族と共有され、ゆるやかな見守り機能を果たす。

神奈川県鎌倉市は、株式会社ボイスタートと協定を結び、スマートスピーカーで雑談をしたり、地域の情報提供をしたり、生活を楽しむ･便利にするコンテンツを提供するサービスを試験的に提供した[10]。

いずれの事業も試験的なものではあるが、家族が近くにおらず、地域の支援資源にも限界があるという、高齢者をとりまく現実の要請に早急に対応するためのものだ。今後は、このようなサービスがなければ、高齢者だけでなくそれを支える若年者の生活も困難を来すようになるだろう。また、高齢者のマイナス面を埋めるだけでなく、ロボット等の活用で高齢者の生活が過度の管理を必要としなくなり、自由で活発になれば、高齢期の生活がよりポジティブで多彩になるだろう。若年者の行動様式がインターネットやスマートフォンの登場で大きく変わったのと同様に、高齢者の生活像も、コミュニケーションロボットやデジタルツールの活用で、想像ができないような変化を遂げる可能性が大いにある。

図表２－５　コミュニケーションロボットを活用した愛媛県西条市の見守り支援

「コミュニケーション・ロボットを活用したゆるやかな高齢者見守り支援」
SMART SAIJO　～支援・見守り・安心・ロボット・つながり～

西条市が実施している「コミュニケーション・ロボットを活用したゆるやかな高齢者見守り支援」は、市内在住の高齢者と離れて暮らす家族とのコミュニケーションツールとして、音声認識AIを内蔵した見守りロボットを設置し、SNS（ソーシャル・ネットワーク・サービス）を通じて、音声メッセージや写真等をやり取りしてコミュニケーションを図ることで、離れて暮らす家族の様子が分かり、一人暮らしの不安や寂しさを解消し、安心・安全な生活を確保するとともに、楽しみや喜びを感じ、地域で生活する高齢者の暮らしを支え、ＱＯＬ（クオリティ・オブ・ライフ）の向上につなげて、住みやすさを実感していただけるものです。

地域の皆さんによる見守りと併せて、家族によるゆるやかな見守りで、高齢者の生活が豊かに活性化するとともに、健康維持への効果と元気でいられることにつながることを期待しています。

ロボットの親しみやすい形状と声で、ストレスなくゆるやかに高齢者を見守ることができます。
ぜひ、ご家族皆さんでご相談ください。

（出所：https://www.city.saijo.ehime.jp/soshiki/hokatsushien/h30komyuroboriyousyabosyuu.html）

図表２－６　鹿児島県の西之表市で活用されているコミュニケーションロボット「ZUKKU」

（出所：https://www.autobacs.co.jp/ja/challenge/detail10.html）

2 身体機能を補う技術の発達

(1) 筋力を補う

①普及が始まったパワーアシストスーツ

この2、3年でパワーアシストスーツが普及する兆しが出てきた。パワーアシストスーツはシニアの筋力を補うだけでなく、介護者のサポートにも有効だ。これまでモーター駆動のパワーアシストスーツは、高額なだけでなく、重い、動きに合わない、装着しにくいなどの理由でなかなか普及しなかった。

2015年に政府が「ロボット新戦略」を策定すると、「介護ロボット等導入支援特別事業」に42億円の予算が組まれ、介護、サービス、運輸、インフラ・災害対応・建設、農林水産業・食品産業などの幅広い分野でロボットが政策的に後押しされるようになった。2014年に6億円程度だったパワーアシストスーツの市場は、翌15年に18億円、16年には27億円と2年間で5倍近く拡大し、今後も5年間で倍増する見通しとなっている。

市場の拡大により裾野が広がり、例えば、運搬用でも重量物を運ぶ怪力ロボットだけでなく、10〜20kgのものを運ぶ小回りの利く実用的なロボットが開発されるようになった。また、モーターを使わずに腕や姿勢を支える器具も開発されるなど、生活をサポートする製品の幅が広がった。価格も安いものは十万円程度まで下がっている。

②アクティブ型を低価格のパッシブ型が追い上げる

パワーアシストスーツはモーターなどで力を制御するアクティブ型

が中心だったが、最近ゴムチューブなどの素材の反力を用いたパッシブ型の市場が拡大している。モーターと素材を組み合わせたハイブリッド型の製品も登場している。

アクティブ型の代表例として、パナソニックの社内ベンチャーから立ち上がったATOUN社が開発した「ATOUN MODEL Y」(図表2－7)がある。左右一基ずつのモーターを備え、バッテリーを含めても4.5kg程度と軽量で、参考価格ではあるが50万円程度と比較的安価で装着も簡単だ。アシスト力についても10kgf程度ある米袋を軽々と持ちあげることができる。1回の充電で約4時間稼働でき、JALの空港作業で活用され高く評価されている。

パッシブ型の代表例としては、日本のベンチャー企業INNOPHYS社が開発した「MUSCLE SUIT Every」がある。ゴムチューブに空気を入れて伸縮させることで筋力を補助する。以前のモデルは40～50万円で販売されていたが、2019年11月に発売された新モデルの価格は破格の約15万円である。パッシブ型ではあるが、アクティブ型より大きい約25kgfのアシスト力が得られ、重量も3.8kgと軽量だ。家庭菜園などの軽作業などに適したモデルと言える。

ハイブリッド型の例には、アメリカのSRI Internationalから生まれたベンチャー企業Seismic社が開発した「パワード・クロージング」(図表2－8）がある。モーターと伸縮素材を組み合わせた衣服のようなパワーアシストスーツで、約1kgのマッスルパック（電池＋モーター）を2個搭載し、最大30Wの力を出すことができる。これにより、階段をゆっくり上がる時の力の半分程度をサポートできると推定される。超小型6軸のジャイロセンサーが3つ装備されており、姿勢を制御することもできる。8時間駆動のバッテリーを搭載しても全体で約2.5kgと軽量な上、価格も10～50万円程度と手ごろになる見込みである。見た目も、「いかにも機械」という従来のパワーアシストスー

図表２－７　ATOUN社「ATOUN MODEL Y」の写真

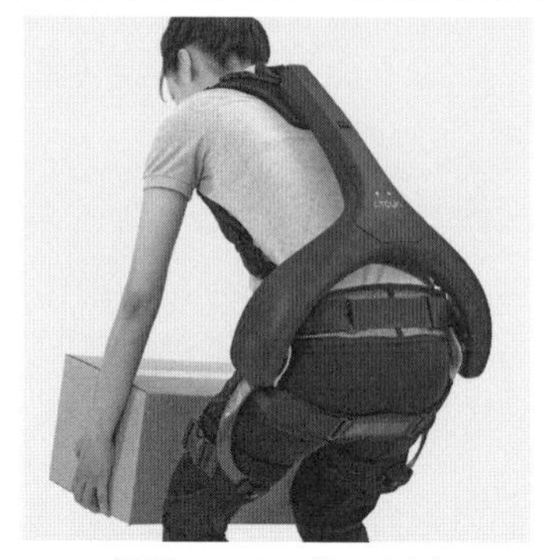

（出所：ATOUN社HPより）

図表２－８　Seismic社「パワード・クロージング」の写真

（出所：Seismic社HPより）

ツとは一線を画しており、普段の生活に抵抗なく活用できそうだ。

③　普及の背景にある技術革新

パワーアシストスーツは50年以上前から開発されてきたが、数百万円と高価であった上、重量物を支えるための骨格が重く、制御性が低く思ったように動かず、数か所で体に固定する、場合によっては皮膚に電極を付けたりするなど装着が煩雑で、誤動作を回避するため多重の管理の必要があるなどの理由で普及しなかった。

こうした状況を打開したのがロボット技術の革新である。アクティブ型ではモーターの制御装置が必要となるが、従来はかさばって軽量化が進まなかった。それが、電気・電子部品が小型高性能化、低コスト化したことでモーターを分散設置できるようになり、配線もシンプルとなって大幅なコストダウンが実現した。また、足の角度や姿勢を検出する６軸ジャイロセンサーなども低コスト化と小型化が進み安定した性能が発揮できるようになった。これらのセンサーは、スマートフォンの姿勢検出器として電子部品化されチップ上に数㎜角に収められるようになり、急速に小型化、低コスト化したものだ。

このようにパワーアシストスーツの使い勝手の改善は、制御装置に内蔵された制御ボードの開発やセンサーの小型軽量化、低価格化といったＩｏＴ関連機器の発展によるところが大きい。今後もしばらくは高性能化と価格の低下が進むはずだ。

（2）動きを補う

①　医療部門で普及した歩行アシスト

医療部門では、作業負荷軽減のためにサービス、運輸部門、農業部門で利用されるパワーアシストと異なる、歩行リハビリ用の歩行アシストが使われている。目的がはっきりしているため開発が進んでいるが、分野が限定されている分だけパワーアシストのような規模の市場は期待できない。

一方で、医療分野におけるリハビリ用歩行アシストのニーズは高い。シニアの健康状態は、足腰が弱って意欲や活動量が低下することで悪化するケースが多いからである。

リハビリ用歩行アシストの代表例は「ホンダ歩行アシスト」（図表２－９）である。2015年の発売以来、歩行訓練や歩行能力の計測用などに約250の施設で導入されているという。左右の足の振り出し速度や幅を合わせることで安定した歩行をサポートするだけでなく、身体がリズムを覚えてアシストなしでも歩けるようになるプログラムが組み込まれている。データによるモニタリングができるため、リハビリの分析、改善が容易になるといった効果もある。2017年２月には欧州で医療機器として認可され、2018年12月にはアメリカでも認可を取得するなど世界的に販売を拡げている。リハビリ用途に特化し市場を絞った上で事業として成長するにはグローバル展開が不可欠だ。

図表２−９
ホンダ「ホンダ歩行アシスト」の写真

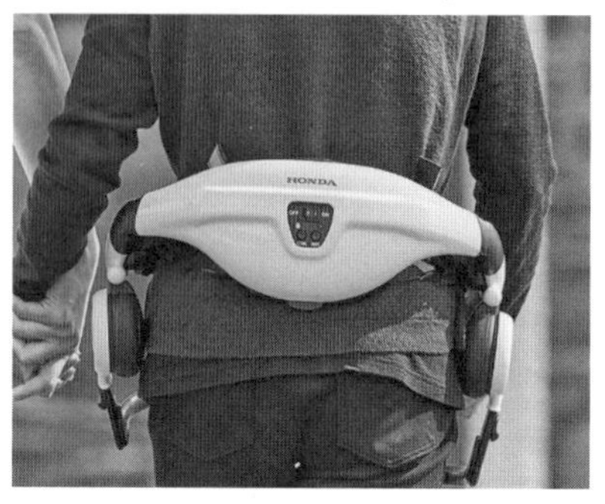

(出所:ホンダHPより)

ホンダ歩行アシストの技術は、1999年に人型ロボットASIMOの歩行技術をベースに開発が始まった。ASIMOは、他の２足歩行ロボットと異なり、１本脚でもうまくバランスを取って歩ける「倒立振り子の制御」といわれる技術を使っている。手のひらに傘を逆さに立たせてバランスを取るような技術である。ホンダ歩行アシストは、この技術を活かして不安定な体制でもバランスが取れるように、両足の角度を計測して適切な姿勢を維持している。

②　豊富なラインナップ

パワーアシストと同様、歩行アシストもアクティブ型、パッシブ型の商品がある。

アクティブ型の代表はホンダ歩行アシストだが、この他にもイスラエルの歩行アシスト装置メーカーReWalk Robotics社の「ReWalk」や、パワーアシストスーツの開発メーカーATOUN社の「HIMICO」などがある。

ReWalkは脊髄損傷者向けの歩行アシストである。22kgと重いが、両足を完全に制御して歩行を可能にする機能がある。

HIMICOはまだ発売されていないが坂道で19％、階段の上りで17.8％、不整地で30.7％の歩行の負担軽減が期待できることが確認されている。現状はリハビリ用だが、散策のサポートなど通常歩行アシスト向けの展開も模索している。

パッシブ型も近年商品が増えている。代表例の一つが自動車部品メーカーの今仙電機製作所が開発した「ACSIVE」や「ALQ」（図表２－10）である。

2015年にホンダ歩行アシスト同様にリハビリ用として開発されたのがACSIVEである。モーターや電池がないため本体重量は1.1kgと軽い。バネで足を後ろに振った反力により足を前に振り出すという構造である。ホンダ歩行アシストがデータを取得できる付加価値を売りにしているのに対して、こちらは安さを差別性としており、１台18万円と個人でも購入できる価格となっている。

図表２－10
今仙電機製作所「ALQ」の写真

（出所：今仙電機製作所HPより）

リハビリの枠から飛び出し、通常の歩行支援ツールとして売り出されたのがALQである。本体重量760g とACSIVEよりさらに軽量で、価格も約５万円と低額だ。

アクティブ型に比べて軽量低価格なパッシブ型は、ユーザーの外出のハードルを下げる可能性がある。選択肢が増えたことで用途や症状に応じてどのようなツールを使うかを選べる環境が整いつつある。シニアの活動に新たな可能性が拡がりそうだ。

(3) 感覚を補う

① 技術革新が進む視覚改善

視覚の分野でも技術革新が進んでいる。千里眼のように遠く離れた場所の情景を現実感を伴って見ることができる技術、メガネの度数を自動で調整してくれる技術、視覚情報を聴覚情報に変える技術、極めつけの眼球の制御機能を用いずに直接網膜に画像を書き込む技術、などがある。

千里眼を実現するのはAR（Augmented Reality)、VR（Virtual Reality）技術だ。低下した視覚情報を高感度カメラと超微細ディスプレイで補うとともに、目の前に仮想現実の画像を映し出すことができる。カメラやディスプレイ向け超微細加工の技術が発展し、精度とコストが急速に改善されたことで商品化された。

度数調整を実現したのは液晶の分子配列を調整する技術だ。三井化学はメガネの縁にあるタッチセンサーを触って、通電した時に近距離焦点を行う、タッチフォーカスレンズを開発した。液晶制御技術と材料・構造設計技術の高度化によって生まれた技術で、遠近調整と広い視野の確保を両立できる。販売開始も近いとされる。

視覚の低下を聴覚で補う技術の代表例は、新進のベンチャー企業OTON GLASS社の「オトングラス」だ。メガネに取り付けられたカメラで目の前の文字を読み取り、テキスト変換してイヤホンから音声として伝えてくれる。視力が失われても本や新聞、看板など何が書かれているかが分かるようになる。

視覚の改善では、カメラ、ディスプレイなどの微細加工や製品化の技術、材料・構造設計技術、通信・画像処理・画像認識技術など近年進化が著しい技術がうまく活かされている。このように急成長する中核技術を活用して新技術、新商品を開発する、というプロセスは製品・技術両面の発展に重要である。製品化されることで中核技術の開発課題が明確になる上、日々進化する中核技術を活用することで製品も進化できるからだ。

② 失った視力を取り戻す

視覚改善技術の中でも注目されるのは、網膜に直接画像を書き込む技術だ。白内障などで視覚機能が著しく低下した場合でも、実際に自分の目で見ることができるようになるからだ。

代表例はベンチャー企業QDレーザ社だ。同社の技術は、メガネに取り付けられたカメラから取り込んだ画像を眼底の網膜に浮かび上がるように画素ごとにレーザー光を照射する、というものだ。レーザー光を、メガネの先端に取り付けられたミラーの角度を画素の位置に合わせて繊細に制御して、網膜に照射される。１枚の画像を照射するのに画素数分のミラーの微調整が必要な上、画像が変化する瞬間に全ての画素の切り替える、という高度な制御技術が鍵になる（図表２－11）。

こうした微細で精密なレーザー光の制御は、半導体製造装置のように大型・高価、かつ固定された機械で使われてきたが、同社では、メガネという小さくて動きがあり、相対的に安価な商材に取り込み商品化を実現したのである。それを可能にしたのは、MEMSといわれる半導体チップの回路上に可動ミラーを直接作りこみ、制御でき

図表２－11　QDレーザーによる網膜に直接投影する技術の構造

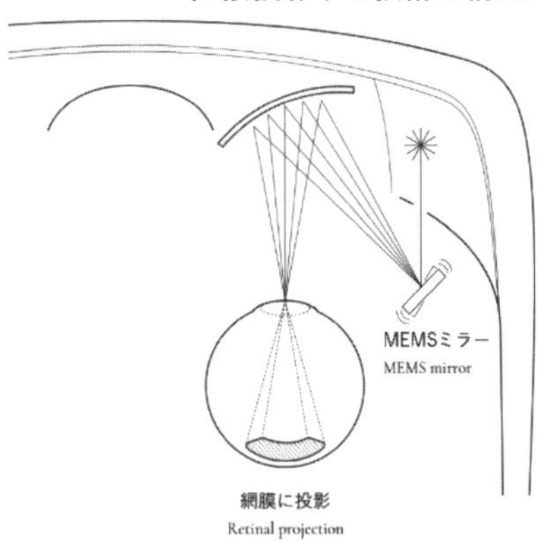

https://www.qdlaser.com/applications/eyewear/
（出所：QDレーザ社HPより）

るようにした微細加工技術である。

網膜に画像を直接書き込む技術を使えば、白内障などで眼球の水晶体が正常に機能しない場合や、水晶体を上手く調整できない場合でも、ガラス体が濁ってレーザー光が届かないようなことがなければ画像を見ることができるようになる。すでに製品として販売されており、2020年１月に医療機器として認可されたことで、白内障の患者などが利用できるようになった。

③　アクティブ・ノイズキャンセリングの汎用化で聴覚技術が革新

聴覚技術もこの１、２年で大きく進化した。聴覚については、1990年代後半にデジタル技術を活用した補聴器の開発が進むなど、他の感覚器に比べて比較的早く高精度なデジタル技術が導入され、骨伝導技術なども開発された。2000年代後半からは、現在の技術につながるデジタル・ノイズリダクションが採用された。

一方で、デジタル化で小型化、低コスト化が進むはずだった聴覚技術は、デジタル・ノイズリダクションの導入によってコストが下がりにくくなった。

デジタル・ノイズリダクションとは、周辺の音をマイクで収集し、それを打ち消す音を合成して耳の中のスピーカーから発して周辺の音を打消すことでフィルターをかけ、人の声を聞こえるようにする、という技術である。

補聴器では、スピーカーとマイクの位置が近いため、スピーカーから出た打ち消し音をマイクが拾ってハウリングが生じる、という問題があった。そのため、スピーカーの音が耳の外に漏れないように、耳の穴の奥まで機器を差し込み干渉が起こらないようにする必要があった。加えて、耳の穴や周辺の状態に応じて、耳の外と中の音の変化を計測し最適なフィルターを設計するというカスタマイズの負担もあり、コストが下がらなかった。

ところが、2010年代に入ると、スマートフォンの普及に伴いノイズキャンセルのできるスピーカー、ワイヤレスイヤホンなどが続々と誕生し、ノイズキャンセル用チップの高性能化と低コスト化が進んだ。同時にハウリング防止用のフィルターの機能も進化して、ワイヤレスでインイヤー型のノイズキャンセルイヤホンが生まれた。さらには、複数のマイクを使って周囲の音の中から目的とする音源の方向や目的としないノイズを特定できるようになるなど、イヤホンが補聴器と同じ機能を持つようになってきた。こうした技術が補聴器業界にも取り込まれて、従来のような調整の負担が減り、高性能で安価な補聴器が手に入るようになった。

視覚の分野では、カメラや画像認識など、他分野で進化した技術が取り込まれて商品が革新された流れを述べた。聴覚の分野でも同様に、スマートフォン向けに開発された技術が補聴器の性能向上を促したのである。これまで高齢者向けの市場は、規模が大きくない割に個人の特性に合わせた調整が求められる、高コストでニッチな市場、と捉えられる傾向があった。それが技術革新により色々な分野で技術が共通化されるようになり、市場の拡大が期待されるようになったのである。

④　ゲーム機から始まった触覚の改善

触覚は視覚や聴覚に比べて技術革新が遅れており、現在でも高齢者の触覚の衰えを補完できる低コストの商品がリリースされる段階には至っていない。そこで期待されるのはゲーム機器である。

2017年に発売された任天堂「Switch」は、振動を精密に制御することで、利用者に「氷が入ったグラスを手に持っている」などの感覚を与えることをできる。手に持っているコントローラーを振動させることによって、グラスを持っている、と錯覚させる技術が使われているのだ。実際には、コントローラーとグラスは形状が違うのだが、振動のパターンによって脳に錯覚を起こすのである。

こうした技術の基盤になっているのが、触覚をフィードバックするハプティクス技術である。航空機の操舵用に開発された技術で、当初は航空機が危険な状態になった際に操縦桿を振動させるために使われていた。最近では、単純に振動を与えるだけでなく、脳のイメージと連動する特別なパターンの振動を与えることで脳に錯覚を起こさせる技術が開発されている。産業技術総合研究所発のベンチャー企業ミライセンス社の技術は、小さな振動でも錯覚を起こさせるができ、広い分野の商品に応用できる可能性がある。

触覚に情報を与える「触覚ディスプレイ」と言われる技術も開発が進んでいる。超音波や風圧、電気信号による間接的な触覚、縦横に配置されたアレイを立体的に動かすことによる直接的に触覚、などの触覚へフィードバックする技術である。こうした技術を使えば、高齢者が何かに触れた時、若者と同じような触覚を感じ取ることできるようになる。

⑤　５Ｇの登場で急加速の予感

ゲーム等で触覚に訴える技術の開発が進んだが、まだVRのように注目されてはいない。

触覚をフィードバックするには、人が感じるのと同じくらいのスピードの応答が必要なのだが、現状の技術はそのレベルに達していないことが大きな理由だ。例えば、壁を押そうと手を出す場合、その力に応じたタイミングで反力が得られないと、そこに壁があると感じることはできない。フィードバックが遅いと壁があるべきところより遠くで反力があったように感じ、それでも押し続けると、時間をおいて断続的に反力が返ってくることになり、現実感がない。

こうした問題を解決するには、コントローラーとシステムを繋いでいる無線の高速化が欠かせない。そこで期待されるのが2019年に実装が始まった５Ｇである。４Ｇの応答遅れは100分の１秒（10msec）程度だが、５Ｇになると応答の遅れは1000分の１秒（１msec）となる。つまり、応答の往復分と処理時間を含めると、４Ｇの遅れは数十msec程度となるが、５Ｇは数msec程度で収まるようになるのだ。

人の触覚が識別できるのは100Hz程度といわれているので、10msec以上遅れると応答の遅れを感じ取ってしまう。つまり、４Ｇでは応答の遅れを感じてしまうが、５Ｇになると遅れを感じないタイミングで触感と仮想現実を組み合わせることができる可能性があるのだ。

ここまで述べたように、視覚、聴覚、触覚の分野に革新技術が取り込まれると、高齢者向けの商品、サービスの開発が一気に進む可能性がある。

3 身体機能を代替・拡張する技術の登場

（1）仕事を代替する技

①　AIの社会実装はどのように進むか

近年、「AIが人の仕事を奪う」という話を聞くことが多い。ここで対象となる仕事の範囲は事務、窓口業務、機械やプラントのオペレーターなど多岐にわたる。しかし、AIを使った画像認識、音声対応、データ分析、書類作成などのツールが続々と開発され現場で実装された結果起こるのは、「AIが仕事を奪う」ではなく、「AIにより仕事が効率化され、仕事の体系が変わる」である。

現段階で、AIは完全に自立したシステムとは考えられておらず、広い意味で、人間が決めたルールに基づいて計算するシステムに留まっている。そこでは、人が思考し、組織や人の間の対話で仕事が運営、改善されていくという枠組みに変わりはない。

AIが導入された仕事の状況を把握するには、AIがどのようなことができるかを知る必要がある。AIができるのは、ⅰパターン認識、ⅱ推論、ⅲ制御・管理、である（図表２－12）。

ⅰ　パターン認識

文字、文章、像、音声、行動など様々な範囲に適用できる。ただし、写真に写った動物が猫かどうかを判断するなど（猫はどのような形をしているかなど）、定義が曖昧なことを認識させるには、多くのパターンのデータを用意する必要がある。したがって、WEB上の膨大な画像データを活用できる場合などには有効である。囲碁などAI自身がデータを作ることができる場合にも強みを発揮できる機能だ。一方で、我々が日ごろ接する個別の問題については、十分なデータが得られず期待した効果が得られない場合が多い。

ii　モデル生成・推論

自然言語理解、予測、分析などを意味し、こちらも応用範囲は広い。モデルとは因果関係のことであり、原因と結果、Q&A、時間的な関係性などのデータを用いて学習することによって獲得できる。ただし、ここでも幅広い因果関係のデータがないとモデルの精度は上がらない。WEB上で膨大なデータから類似の関係を見出すことができる自然言語理解などには有効な機能である。日常的にデータを収集している工場などでもモデルを獲得できる場合があり、故障などの予知も可能となる。しかし、一般に、因果関係を整理できるほどのデータが得られるケースは少ない。ビッグデータの多くはモデルの獲得に使えるレベルではないのである。

iii　制御・管理

自動車や工場などの機械、ロボットなどの制御・管理を行うことで

図表２－12　AIの機能概要

	技術内容	課　題	現状できること
i パターン認識	文字や文章、画像、音声、行動などの認識	猫かどうかを写真で判断するなど、複雑なことを認識させるには、多くのパターンをデータとして用意する必要がある。	WEB上の膨大な文章や画像などのデータを活用できる場合に有効。囲碁などAI自身がデータを作ることができる場合も有効。
ii モデル生成・推論	自然言語理解、予測、分析	モデルとは因果関係のこと。原因と結果、Q&Aなどのデータがないと生成できないか、精度が上がらない。	WEB上の膨大なデータで、類似の関係を見出すことができる自然言語理解などには有効。普段データを取得している工場などでは故障などの予知が可能。
iii 制御・管理	スマートフォンや工場などの機械、自動車等の機械やロボットなど様々な制御	認識やモデル生成ができなければ、有効な制御方法、管理方法、計画方法などを生成できない。	工場や設備、会社組織など特定の対象に対して、因果関係などのデータを十分取得すれば適用可能。自動運転車などが典型例。

ある。上述したパターン認識やモデル形成を経て、有効な制御方法、管理方法、計画方法ができるようになる。新たな業務や分野に適用するためには、因果関係を見出すためのデータが足りないので、特定の対象に絞って積極的にデータを取得する必要がある。典型的な例は自動運転である。道路状況や街並み、周辺の車や人の動き、ドライバーの認知情報と運転方法などの因果関係を取得するために、長大な距離を走行してデータを収集している。

② AI、IoTが引き起こす仕事の変革

ここ数年、WEB上の膨大なデータを活用できるようになったこと、膨大なデータを用いた複雑なパターン認識やモデルを学習するための計算能力が向上したことでAIに注目が集まってきた。しかし、上述したようにAIを個別の問題に適用するにはまだまだ課題が多く、特にデータ収集の仕組みづくりなどに工夫が必要になる。

そこで注目すべきなのがIoT（Internet of Things）である。IoTは、狭義にはセンサー等のデバイスをネットワークに接続する仕組みとされる。最近では、高性能のセンサーやマイコン、通信デバイス等のコストが下がり、大量のデータの収集、制御が工場だけでなく、スマートフォンやカメラなどの小型機器でも可能になってきた。

一方、上述したAIの課題を踏まえると、IoTには現在取得できていないデータを自動的に生成してWEB上に上げる仕組み、という意味がある。こうしたIoTとAIが結び付くと、因果関係などのデータを自動で収集、学習していく仕組みが構築され、将来AIが有効に活用される可能性が高まる。

つまり、IoTの広義の意味は、AIの学習、分析機能を活用して、従来バラバラだった事象を新たに収集したデータと結びつけて因果関係を獲得するための仕組み、ということもできる。こうしたAIとIoTの

組み合わせが色々な分野で実現できるようになれば、それが起爆剤となり従来の仕事やサービスの枠組みが変わり、新しい新産業や社会システムが創出される。うまく設計すれば、従来解決できていなかった社会課題を解決することも可能になる。そうなれば、AIと組み合わさった広義のIoTは新しい仕事を生み出す装置になるはずだ。

このように、AIについては、一部の仕事を代替することに加え、新たな仕事を創る技術、という理解が必要だ。

③　工場の外でもロボットが仕事の負担を軽減

AI、IoTが進化したことで、ロボットの開発が進んだ。これまで、ほとんどのロボットは工場の中で人の代わりに緻密で単純な作業を繰り返したり、重量物を取り扱ったり、休むことなく監視をしたり、といった仕事を担ってきた。

ロボットが主に工場で使われてきた理由は４つある。

１つ目は、工場には人が行うには過酷な作業がたくさんあり、それを代替する強いニーズがあったことである。

２つ目は、人の監視なしで機械を自動で可動させるためには、事故や作業不良が起こらないように使用環境を管理する必要があったことである。

３つ目は、工場内にはロボットに適した単純化できる作業がたくさんあったからである。

４つ目は、工場には高価なロボットのコストを吸収するためのキャッシュフローがあったからである。最大級の産業である自動車産業がロボットの大量導入を牽引したことも市場の発展に拍車をかけた。

近年、工場主導であったロボットの流れが大きく変わっている。2015年に政府が策定した「ロボット新戦略」では、ロボットは工場などで危険な作業を代替するだけでなく、「①自ら学習し行動する（自律化）」「②様々なデータを自ら蓄積・活用する（情報端末化）」「③相互に結びつき連携する（ネットワーク化）」とされているように、社会に新たな機能＋価値を取り入れていく技術、と位置づけれらるようになったのだ。

株式会社日本総合研究所は他企業や大学と協力して農業ロボット「MY DONKEY」を開発した（図表２－13）。MY DONKEYは、農場の畝の間やハウスの中でも人間に追従することができる小型のロボットである。人に追従して収穫物の運搬などを支援したり、自律的に農薬散布をしたりするのと同時に、作業状況などに関するデータをカメラやセンサーで取得する。人間に追従しているからこそ取得できる緻密な作業データにより、作業の効率化や農産物の付加価値向上のための分析ができるようになる。

図表２－13　農業ロボット「MY DONKEY」

（出所：株式会社日本総合研究所）

個々の農業者で得られたデータがネットワークされた関係者の間で共有されるようになれば、農業の効率性や付加価値は一層高まる。国が進めている気象データと連動すれば農業特有のリスクのヘッジも進む。農業者は運搬などの肉体労働を軽減し、データを活用することで農業の付加価値を高め、リスク耐力を高め、関係先とのアライアンスを広げることもできるようになる。

これは、AI、IoTが進化することで、工場のような分かりやすい作業の枠組みがないところでも、小型低コストのロボットを分散的に配置し、効率化や付加価値向上が図れるようになりつつある、ことを意味している。ロボットの進化で新たなサービスやビジネスの仕組みが生まれようとしている。

④　変わるシニアと仕事の関係

ロボットやIoTによる肉体労働のサポート、AIとIoTによる頭脳労働のサポートは、シニアの社会参加を変革する可能性がある。

従来、シニアが仕事から離れるのは、身体がきつくなる、記憶力の低下に伴うリスクが高まる、注意力や集中力が低下しミスや乱れが生じる、などが主な理由だった。AI、IoT、ロボットが普及すると、こうした問題は大幅に軽減される。ここまで述べた通り、ロボティクス、AI、IoTは身体的負荷を下げ、感覚や記憶の衰えを補完し、気づきを後押ししてくれるからだ。

一方で、価値が高まるのは、AIの価値の源泉ともなる、長年培われた技や経験、知恵などである。これらをデータベース化できればシニアの社会参加の意義は高まる。例えば、農業であれば、ベテラン農家のスキルをベースにしたAIにより新規の就農者でも容易に農業に取り組めるようになる。

こうして、身体がきつい人、注意力などの低下を懸念している人、技や知恵を活かしたいと思っている人が、個々人の事情に応じてAI、IoTを活用して仕事に参加できるようになると、シニアと仕事の関係は大きく変わる。シニアにとって人生の中で充実した時間、健康寿命の時間が伸びることになれば、社会として新たな労働力やノウハウを獲得することができるようになる。

(2)　人の存在を代替する技術

①　その場にいなくとも社会参加できる技術の拡大

2020年初頭からのコロナ禍で社会参加の方法は大きく変わった。数年前からの働き方改革で働く場所は少しずつ多様化してきたが、コロナ禍により直接対面しないリモートワークが一般化した。通信デバイスを使って、リアルタイムでクリアな画像伝送と音声通話ができ、資料を共有できるテレビ画像を使った遠隔会議システムがごく短期間で広まった。この背景には、Wifiを介した動画サービスの普及を促した光伝送技術の飛躍的な進歩がある。リモートワークでも、対面に近いコミュニケーションが取れることが分かり、多くの企業でリモートワークを基本としてオフィスを縮小する動きが進んでいる。実際、筆者の日々の仕事もリモートワークに大きくシフトし、会社の同僚とのちょっとした会話から、顧客や海外のパートナーとの会合、リモート飲み会までオンラインで行うようになっている。コロナ禍により世界でデジタル生活が常態化した。

一方、会社に属さずに、個人事業主として、プラットフォーマーなどを介して、顧客にサービスを提供するギグワーカーやフリーランスといった働き方が注目されている。彼らを支えているのは、プラットフォーマーなどが提供する顧客とのマッチングシステムと、通信技術とスマートフォンなどのパーソナルベースのコミュニケーションツールである。

企業の側も、会社の机でほとんどの時間を過ごすだけでなく、家族や地域の関係者、友人、社外の仕事上のパートナー、顧客、有識者、シェアオフィスで働く人たちなどとの多重なコミュニケーションによって仕事の付加価値を高める可能性を感じ始めている。また、労働力不足が深刻になる中で、人材を抱え込むのではなく、様々な事情、価値観を持つ人達の時間を取り込めなければ生き残れないという意識もあるだろう。

政府は、働き方改革によって生産性を向上した後に、生産性改革のための投資促進、多様な雇用環境の創出などを目的とした制度整備を行う方針である。また、技術的にも５Gが投入され、AI、IoT、ロボットに加え、VR、ARなどの技術を使ったサービスが増えつつあり、技術革新と政策がうまく連動することが期待される。

② 感覚の拡張でつながるバーチャルな世界

革新技術による働き方改革と社会参加の変化は、社会システムの本格的な変化に向けた移行期間となる。

会社や家庭に縛られずに、デジタル機器で遠隔の多様な人と多重のネットワークで結びつくためには、現在のパソコンの画面に写し出される情報に依存していたこれまでのコミュニケーションをより広がりのあるものに替えていくことが必要となる。それを実現するのがVR、AR等の感覚拡張技術である。

VR（Virtual Reality：仮想現実）は仮想空間の中に現実感ある世界を構築する技術だ。近年、専用のヘッドセットの価格が低下し、スマートフォン用のヘッドセットは数千円で購入できるようになった。ハードウエアの価格の低下に応じて、ゲーム、映画、アートなどのアプリケーションも充実しつつある。高精細なディスプレィを体験したことがある人なら、VRはすでに高い臨場感、没入感を得られるレベルに達していることが分かるはずだ。例えば、美術作品では無限に広がる新しい空間の中に引き込まれるような感覚を得ることができる。そこに現実と結びつく感覚を加えることができれば、サイバー空間と現実空間にまたがる新たな生活空間が生まれる。

AR（Augmented Reality：拡張現実）は、現実にないものをあるかのように映し出し、現実と一体化する技術である。すでに、見えている風景にデジタルコンテンツを追加したり、大人の顔を子供顔にするなど、現実の画像をリアルタイムで加工することができる商品がリリースされている。ARを身近にしたのは、2016年に登場した「ポケモンGO」「SNOW」のようなスマートフォン向けのアプリケーションだ。ただし、メガネのレンズ部に画像投影機器がついたARのハードウェアは、デザインは、だいぶ洗練されてきたものの、VR用の機器ほど価格が下がっていない。

MR（Mixed Reality：複合現実）という、VR、ARの中間の技術もある。仮想世界に現実世界の情報を反映させることで、MR空間にいる複数の人間が同時に情報を共有したり、同じ体験をしたりすることができる。ただし、ハードウェアとなるMRグラスはまだ高価で、普及段階にはない。

VRの汎用ヘッドセットの販売が始まった2016年には、VR市場はエンターテイメントの分野に偏っていた。ところが、価格の低下と並行して、店舗管理、飛行機整備、機械メンテナンスなど産業分野での教育用ツール、コミュニケーションツール、仮想会議室などの業務用ツール、観光などの情報提供ツールなどの用途が急拡大し、2019年にはこれらがVR市場の４割を占めるほどになっている。今後は、産業向けの市場がエンターテイメント向けの市場を上回ることが予想される。コロナ禍の技術革新により、こうした市場は営業、企画、事務など幅広い業務に拡大していくことになるだろう。

市場の拡大に合わせてVR用のヘッドセットと他のシステムとの連携が進んでいる。例えば、この１、２年で最新の補聴器と接続できるようになり、触覚フィードバックの機器と一体化した製品も販売されている。

③ バーチャル化が現実を代替する世界へ

VR、AR、MRで、我々の生活やビジネスの空間は大きく変わる。アメリカSpatial社が開発した職場の仮想空間の情報共有プラットフォームは、そうした可能性を持つシステムの代表例だ。このシステムでは、現実の会議室に遠隔で作業する同僚の３次元アバターを映し出し、彼等が作る書類、スケッチ、３次元の図面情報などを空中に表示されるディスプレイ上で共有することができる。従来の人が集まる会議室よりもはるかに自由度と創造性の高い空間が生み出される。また、３次元の図面情報から作られた仮想空間上の模型を複数の人が遠隔で協調して加工することもできる。こうした技術が普及すると、リモートの作業空間は現在の姿から大きく改善され、ストレスが低く、効率的なものとなる（図表２－14）。

今後は、技術の進化でアバターの作業と目の前の作業、現実世界とバーチャルな世界の壁が限りなく小さくなっていくだろう。既に、モーションキャプチャー、音声認識などの進歩で、顔や表情、声の特徴などが現実の人に酷似したアバターを創り出すこともできるようになっている。こうなると、いずれは仮想空間のアバターが現実空間の人間とツインとなって振舞うようになる。

図表２－14　米国Spatial社の仮想空間の情報共有プラットフォーム

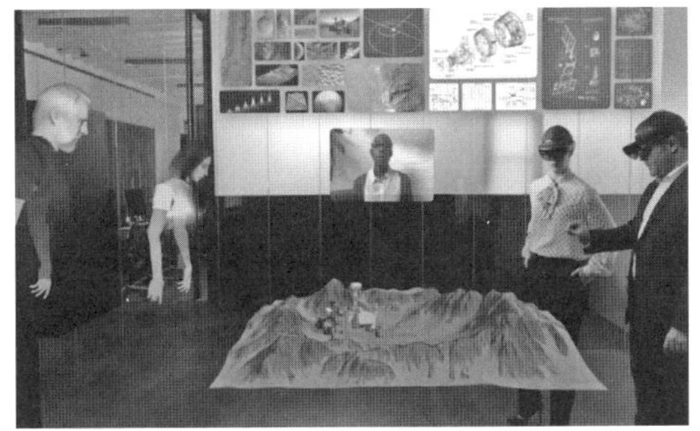

（出所：米国Spatial社HPより）

デジタルツインは、2015年にＧＥがジェットエンジンなどに使用した高精度のシミュレーションモデルだ。温度や回転数、音など各種のダイナミックなデータを取得して、設備・機器の状況を推定し、将来を予測することができる。ひとたびモデルを構築すれば、例えば、飛行機が海上や陸上の空域を特定の条件で飛行した際にエンジンにどの程度負荷がかかるか、などをシミュレーションできるようになり、整備や危機管理の信頼性と効率が大幅に向上する。

ここまで述べたVR、AR、MRが創り出す世界観は、機械やプラントの分野で普及し始めたデジタルツインが人間の世界にも波及することを意味している。しかも、人間に関するデジタルツインは、人間が他者とのコミュニケーションによって存在を認識されたり、存在価値が認められたり、あるいは現実の世界で見えなかった価値の存在に気付く、といった機械やプラントのデジタルツインにはない付加価値を生み出す可能性もある。デジタルツインが人の存在を代替することができるようになる可能性もある。そうなれば、生活、ビジネス、コミュニティの中で今までにはないコミュニケーション、存在の認識、付加価値の活用、等々が生まれるだろうし、これまで高齢者の社会参加を阻んできた年齢の壁が取り払われる可能性もある。

今後も、AR、VR、MRの性能の向上とコストの低下は確実に進む。この波に乗った仕組みづくりは、シニアの分野でも新たなコミュニティづくりと新たな生き方の創出につながる。

---

[1] 「世界各国のIT政策　第７回スウェーデン」兼子利夫、情報管理48(９)：610-618　2005

[2] 「スウェーデンのキャッシュレス化・ドイツのキャッシュレス化（上）スウェーデン編」小部 春美，ファイナンス 2019 Jul.

[3] 「スウェーデンの『ITガイド』――移民と高齢者が進めるインテグレーション」穂鷹知美/異文化間コミュニケーション（https://synodos.jp/international/22201）2018.10.25

[4] 「海外スタートアップが狙う世界の高齢者市場～課題先進国として10年、今の日本に求められるサービスの視点～」菊池徳芳、mizuho global news 2019 FEB&MAR vol.101

[5] https://www.neurotrack.com/jp/

[6] http://www.cataliahealth.com/how-it-works/

[7] MIT発スタートアップ「Rendever」、高齢者専用VRプラットフォームで認知活動を活性化を狙う！（https://techable.jp/archives/108138）2019/9/17

[8] https://www.city.saijo.ehime.jp/soshiki/hokatsushien/h30komyuroboriyousyabosyuu.html

[9] https://www.autobacs.co.jp/ja/challenge/detail10.html

[10] https://www.city.kamakura.kanagawa.jp/kisya/data/2018/20180928.html

第3章

「人生100年時代」を豊かにするデジタル空間

1 リアル空間とサイバー空間で囲むシニアの生活

第２章では、今後活用が期待できる情報技術を紹介した。それらの技術を使って、少し未来のシニアはどのように暮らすのだろうか。A氏、B氏、C氏、D氏、E氏それぞれの１日をのぞいてみよう。

（1）熱血系シニアA氏の場合

A氏は75歳男性、妻と二人暮らしだ。長く高校の体育教師として勤務し、定年以降は地元のスポーツ関係のNPO団体に所属している。その縁で自治会に参加したり、地域のイベントに駆り出されるなど忙しい毎日を送っている。２人の息子はそれぞれ他県で家庭を持っていて、正月に孫を連れて顔を見せる。最近は孫たちも高校生や中学生になり忙しいようだ。妻も地域の付き合いが多く活発に活動している。

A氏のある一日――目覚め

起床時間の30分前からブラインドが徐々に開いて光が差し込み、A氏は気持ちよく目覚める。目覚まし時計が鳴る前に止める。腕に着けたウェアラブルセンサーの表示では、かなりよく眠れたようでほっとする。歳とともに眠りが浅くなってきたので、最近ウェアラブルツールをパジャマのボタンに内蔵した温度、湿度、加速度、ジャイロの複合マイクロセンサーからベッドのマットや枕の温度や湿度を自動調節するものにしたのだ。

ベッドから降りると、それまで小さな音で流れていた環境音楽がボリュームを増してトレーニングの音楽に変わり、A氏はいつもの手順でストレッチと自重トレーニングをする。もともと陸上中距離で全国大会に出るほどの選手だったので、これは長年の習慣だ。最近変わった点といえば壁に投影された理想のフォームに合わせるので、正しい姿勢で負荷がきちんとかけられたり、怪我が防げるようになったことだ。パジャマに付けたマイクロセンサーがA氏の姿勢を解析しており、スマートフォンと連動して音でフォームの乱れを知らせ、ペースをコントロールしてくれる。柔軟性やトレーニング実績データは自動的にクラウドにアップロードされる。

NPO団体での議論

朝食を済ませると、NPO団体のミーティングの時間なので近くの事務所に行く。来月地元で駅伝大会を主催するので今日はその打ち合わせだ。事務所にはA氏と会長しかいないが、自宅などから30人が遠隔参加している。反対もあったが、A氏が頑張ってスマートフォンやVRグラスを使った会議を導入したのだ。最近人気のバーチャル会議室は、その日の気分でセッティングを変えられる。今日は京都の見事な庭園に臨む茶室が選択されている。そこに参加者のアバターが集まり挨拶を交わす。グラスには骨伝導で聴力を補完する機能もついている。遠方に住んでいる人や、療養中で事務所に来られない人、家族介護の都合がある人も参加できる。以前はそのような事情の人がどんどん辞めてしまい、団体の運営は危機的な状況だった。会議室のセッティングやアバターでのコミュニケーションそのものを皆が楽しむようになり、生き生きとした会話が増えたのは予想外の効果だった。

最近は地域SNS内でスポーツ活動支援のコミュニティを立ち上げた。元・筋金入りのスポーツマンという人が男女問わず地域にたくさんいて、NPO団体の活動にも興味を持ってくれる人がいることがわかった。

今日は議論がかなり白熱したが、音声認識機能付きのAIで要約が時折自動で作成され、バーチャル会議室のホワイトボードにさらさらと表示される。会議が終わるころには皆が合意できる大会の運営資料が自動的に完成した。資料に基づいて各自の分担を調整し、会議は終わった。仕事をしていたころは、会社でこんな風に楽しく実りある会議をしたことはなかったように思う。しばらくお茶を飲みながら、やっぱりバーチャル会議のシステムを導入してよかったね、などと会長と話し、事務所を後にする。

自治会の人材発掘

家に戻ろうとするとスマートフォンの通知音が鳴り、自治会の会長からメッセージが届いた。役員の１人ががんになり、治療のために役を降りると言ってきたので次の人を探したいという相談だ。歩きながら今の役員数人で電話会議をし、地域SNSで活動意欲を表明している人たちに打診することとなった。別の部屋で妻も会議に参加していたようで、帰宅すると早速知り合いに打診をしているのが聞こえてきた。妻はA氏より昔から地域の活動に参加しているので、サイバーでもリアルでも鉢合わせするから油断は禁物だ。そういえば先日、「ご近所ヘルプネット」を通じて犬の散歩を代行して知り合ったCさんも自治会に興味はありそうだった。誘ってみようかと思う。

ジムでトレーニング

朝から人と話してばかりですっかり肩が凝ってしまった。ウェアラブルを見ると昨日の同じ時間に比べて全然体を動かせていない。予定を変えてジムに行くことにした。入館すると、バーチャルコーチがクラウドのデータを参照にして組んだトレーニングプログラムがタブレットに配信される。今日はかなり挑戦的な内容できたな、と闘争心

図表３－１　A氏の生活を囲むサイバー空間の例

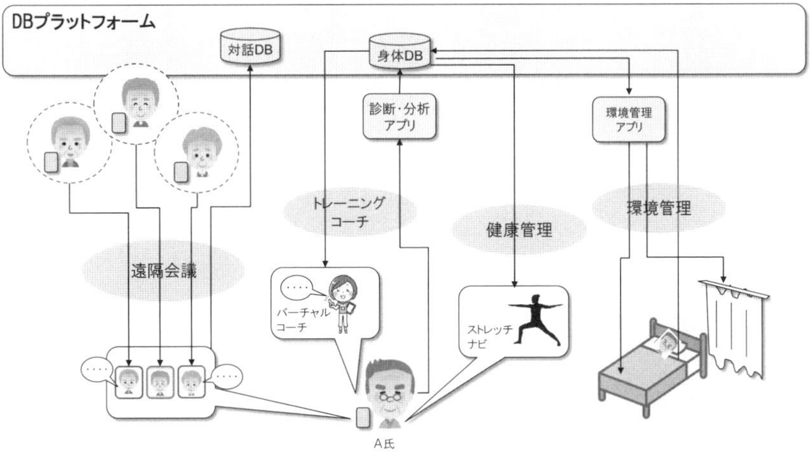

が掻き立てられる。とはいえ怪我はしたくないので、センサーを付けて姿勢をチェックするなど、安全に配慮しながらトレーニングをこなした。ジムに表示されているトレーニング実績の全国ランキングでは同年代トップクラスは当たり前、ライバルは50代だ。妻によるとこんな様子は息子たちにもシェアされていて、密かに父親のデータと競っているという話だ。

(2) ナチュラル系シニアB氏の場合

B氏は70歳女性、娘と二人暮らしだ。最近まで看護師をしていた。夫が50歳の時に急死し、当時はひどく落ち込んだが、娘と友人に支えられてなんとか立ち直った。現在は、外資系の金融会社で働く娘のために、家事を一切引き受けている。といっても最近、掃除洗濯は家事ロボットの仕事だ。それほど外出はしないが、いくつかの趣味を楽しんでいる。

B氏のある一日――目覚め

朝はいつも４時ごろ目が覚める。ベッドから起きあがると窓の外の景色を眺めながらゆっくりと白湯を飲む。そうしているとタブレットの通知音が鳴り、スマートヨガマットに移動する。柔らかな素材が体重を感知し適切な加重のバランスを表示してくれる。また呼吸やポーズを変えるタイミングを音で教えてくれる。昔はジョギングしたり、ジムに通ったりしていたが、自宅でできる運動のほうが長続きするし、怪我のリスクも低いので、数年前からバーチャルジムに参加している。ヨガプログラムは、インドやアメリカなどからの配信があったり、色々なやり方があったりで飽きない。VRグラスをしているのでまるでそこにいるようだ。最近では、VRグラスも軽量化してメガネと変わらないので気にならない。周りの風景や参加している人たちを見ているうちに、いつしかインドやアメリカに旅行に行きたいなと思うようになった。同年代の女性が多数参加しており、SNS上でコミュニティがある。B氏の住む県には海岸線の美しさで有名な浜があるのだが、そこで日の出の時間にヨガをする企画が提案された。もしかしたら自分が世界に配信される番かもしれないなと思うと、わくわくする。ヨガウェアを新調したくなり、いくつかヨガファッションサイトで検索してみる。ARグラスと連動しているので、気に入ったウェアをどんどん試着できる。サイトでは、他のユーザーが、選び方や似合うかどうかを客観的にアドバイスしてくれる。その人が提案した、自分では思いつかないような意外な色の組み合わせを恐る恐る試してみると、顔の印象がぐっと若返り驚いてしまった。

朝食の準備

娘が起きる前に朝食を用意する。健康管理アプリの食事データと活動データから、個人別に栄養バランスが分かるチャートが表示され、推奨に従って自分には卵を１つ、娘にはオレンジジュースを追加する。冷蔵庫は在庫に応じた発注案を表示してくれるので、検討した上でいくつか変更を加え注文を送信する。冷蔵庫の中の食品は賞味期限がICタグから自動に読み取られ鮮度が管理されている。賞味期限が近くなると献立まで提案してくる。食料品店にも行くが、基本的なものは冷蔵庫経由で発注し、店では新しい商品や珍しい野菜をチェックするのを楽しみにしている。この間は近所の人が作ったという小松菜を買ったら美味しかった。店の人から野菜を作っている人の話を聞いたり、自分がどう使ったかを話すちょっとした時間も楽しい。かつては、限られた時間で必要なものを買うのに一生懸命で、こんなにゆったりとした気分で買い物はできなかった。

俳句作りと句会

今日は俳句の日なので、近所の公園に出かけて１時間ほどかけて句を作る。最近は、花の写真を撮るとスマホ上に名前が表示されて歳時記と連動するので、創作の幅が広がった。句会の時間になったので近くのカフェに入り、昼食を取りつつ、VR専用ブースからサイバー句会に参加する。世界中から参加があり、メンバーが固定せず毎回違った人が参加するのが面白い。会話は通信時間の遅れ程度の間に瞬時に翻訳されるため、どの国の人とも自信を持って話ができる。住んでいる国が違っても日本語を話していると親近感は増してくる。もちろんリアルの句会にも月１回は参加している。そこでの仲間は長い付き合いなので安心できる場所だ。昔は仲間たちと、地元の庭園や、少し遠くの風光明媚な場所に足を伸ばして俳句を作ったものだが、歳を取ってくるとなかなか全員揃っていけなくなったのをサイバー句会が補完してくれる。

夕食の準備

家に帰ると、朝発注しておいた食品が届いており、レシピを検索して夕食の下ごしらえをする。家を空けている間に、掃除や洗濯は家事ロボットが済ませている。家事ロボットは２台目だ。１台目は数年前に購入した小型３輪の足に細長い胴体が乗った人型ロボットだった。作業はあれこれしてくれるが、床にモノが置いてあると動けなくなる。我が家には合わないと思ったので返却した。ロボットはサブスクリプションで提供してくれるので実際に使ってみて自分に合うものを選ぶことができる。今使っているのは、散らかっている部屋でも歩いてくれる二足歩行の人型ロボットだ。倒立振子型の安定装置がついているらしく、後ろから押しても倒れない。背が高く力も強い。家事ロボットはどんどん進化していて、高いところのものを取ってくれる機能までついており、とても助かる。分からないことがあれば、サブスクの会社のスタッフがオンラインですぐに教えてくれる。

くつろぎの時間

くつろいでいると、今日参加した句会のメンバーからメッセージが届いた。近くに住んでいる人のようだが、サイバー句会だけでの付き合いだった。お互いの俳句を高く評価していたことから話が弾み、今度一緒に俳句を作りに行くことにした。

娘は今日も帰りが遅いようで心配だ。娘と話す時間はあまりないが、健康アプリでデータを共有してくれている。健康データの分析結果が悪くないことにひとまず安心している。過保護だとは思うが、娘の健康管理が今は生きがいの一つだ。健康に気をつけなさいとうるさく言うよりも、健康アプリが推奨する体調に合わせてブレンドしたスムージーを朝食に出し、胃に負担が少なく栄養価の高い夜食スープを用意したほうがよっぽど効果がある。スムージーのブレンドやスープ

図表３−２　B氏の生活を囲むサイバー空間の例

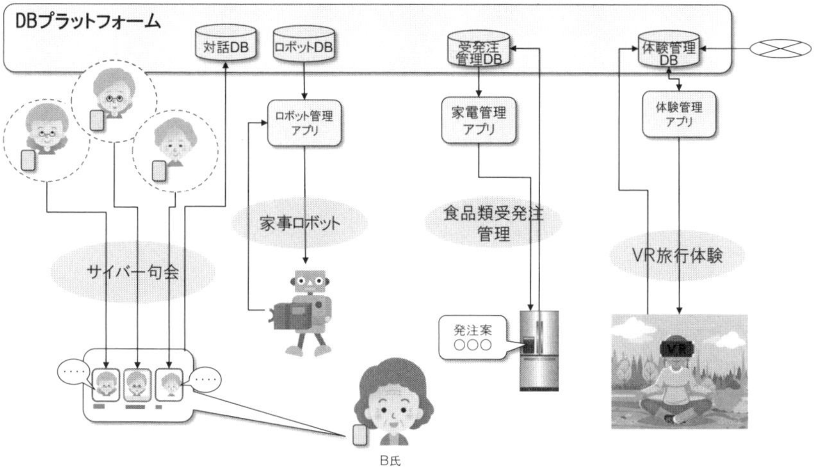

のレシピと娘の評価をSNSに淡々とアップしていたら、いつの間にかたくさんの人が定期的にチェックしてくれるようになったようで、なんだかくすぐったい。

手伝いを頼まれる

ご近所ヘルプネットから、Eさんの入院の手続きサポートの依頼が来ている。もともと勤務していた病院に入院するようだし、家も近いので引き受けることにした。サポートを引き受けるようになってから、病院で看護師として勤めていた時は当たり前のようにしていたことが、患者や家族に負担をかけていることもあるのだな、と感じることも多い。医療スタッフも患者も家族も皆一生懸命だから、なんとかその橋渡しができたらなという気持ちでやっている。ヘルプネットはB氏のような人材を医療サービスに活かすためのインフラになっている。病院は少し遠いので、ヘルプネットで車に乗せてくれるご近所の人を募集しよう。

(3) マイペース系シニアC氏の場合

C氏は78歳男性で一人暮らしだ。妻子とは30代で離別し、息子は成人してからあまり交流する機会はないが、自分と同じ法律系の専門職に就いているので関心のあるテーマがあるとたまに連絡をくれる。かわいがっている犬とすごすのと、市民農園が楽しみだ。しかし、最近、雨の日に足を滑らせて転倒し腰を痛めてしまった。自転車にも乗れなくなって、落ち込んでいる。

C氏のある一日――目覚め

好きな音楽で目覚める。慎重にベッドから降りると、腰痛や足のリハビリに効果のある体操プログラムが始まり、テレビの画面を見ながらゆっくり体をほぐす。

珈琲を自分で丁寧に淹れて飲むのが朝の楽しみだ。犬が待ちきれない様子なので散歩に出かける。腰を痛めて以来大きな犬を連れて歩いたり、かがんでフンを片付けるのが辛かったのだが、最近はパワーアシストスーツで腰やひざをサポートしながら散歩ができるようになり助かっている。腰がよくなるにつれアシストの程度は下がっているようだ。たまに小さな電動モビリティで犬を散歩させている人を見かける。本当に歩くのが難しくなったらあれもアリだな、と思って値段は調べてある。近くの生活サービス会社で試乗できるようだ。

畑のチェック

犬の散歩から戻り、タブレットで畑のデータを見る。小型ドローンが毎朝畑を巡回し、作物の育ち具合をレポートしてくるのだ。ドローンの画像の精度は高く、葉の虫食いも発見できる。アプリのサービスを使うと画像から虫の種類を特定して、殺虫剤のお薦めまでしてくれる。そろそろトマトを収穫しきらないと食べごろを過ぎてしまう、というメッセージが出た。天気も午前中はもちそうだし、今日やってしまおうと決めた。

トマトの収穫と出荷

畑には小さな農業ロボットを連れていく。人の動きを察知するセンサーがついて、畑道具を載せると勝手についてくるのが犬のようで可愛い。目視でもどのトマトが熟れているかは分かるが、農業ロボットは画像センサーで分析するので、人間より的確に収穫のタイミングが分かる。獲れたトマトは農業ロボットが運ぶので、腰を痛めてからは本当に助かっている。

無事に収穫を終えたものの、毎度のことながら自分で消費しきれるトマトの量ではない。トマトがたくさんあることを地域SNSのバーチャル市場に発信すると、地域のお店からトマトを買いたい、という申し出があったので、午後に届ける約束をし、車で向かう。一時期、視力が低下したり、眩暈がしたりで運転を控えていたが、半自動運転の車に乗り換え、視力を自動で補正するメガネに変えて、また安心して運転ができるようになった。やはり自由に活動できるのは気分がいいものだ。このメガネをかけてスマートフォンに表示されるCのマークをタッチすると、天候や体調に合わせてメガネの偏光度を自動調節してくれる。ご近所ヘルプネットで、病院まで乗せてほしい近所のBさんがいることを知り送ってあげることにした。帰りも乗せる約束をした。

店にトマトを引き渡すと自分の電子マネー口座に代金が入金され売買が成立する。あるお店の人から「この間の小松菜も美味しくて好評だった」と言ってもらえた。元来無口なので、そう言われてうなずくくらいしかないのだが、こういうやり取りは好きで心が温まるのを感じる。ついでに、その店に併設されたカフェで自分が作った野菜も材

図表３－３　C氏の生活を囲むサイバー空間の例

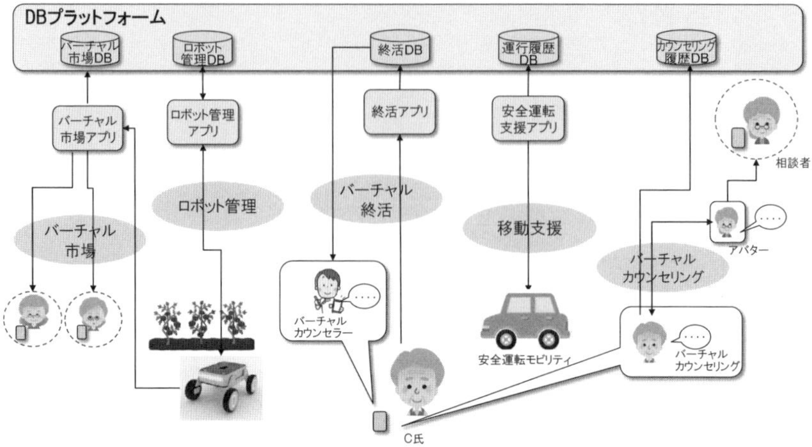

料に使われているプレートランチを食べる。電子地域マネーで決済すると、トマトの代金として受け取った金額の半分だった。他のお客さんが自分の作った野菜を食べているのを見るたびに農作業の充実感を感じる。スマートフォンで履歴を見ると、ちょうど５年前にこの店と初めて取引をしたらしい。こういう付き合いがなければ農作業は続けていないだろうと思った。

老いへの対策

こんな毎日が続けばいいと思うものの、実際には身体が弱ってきていることも感じている。日々の活動量は波がありながらも全体として右肩下がりなのがデータで明らかで、逃げる訳にもいかない現実がある。今後のことを考えなきゃと思っていたところ、１年前からバーチャル終活のカウンセリングを受けているバーチャルアシスタントアプリから提案があった。カウンセリングを受けて自分に付き合いのある人や、寝込んだら困ること、人に頼みたいことの情報などを整理しつつある。早速役に立ち、腰を痛めて寝込んだ時にご近所ヘルプネットに通報が行き、取り決めた通り近所のAさんが犬の散歩を代行してくれた。終活といっても死後のことばかりではなく、このように困ったことが起きた時の対処も含まれている。始めたばかりだが、元妻や息子に後々面倒をかけず、最期くらいは笑って見送ってもらえるように段取りをしておくつもりだ。息子は自分と同じく法律専門職なので、先日仕事のことでチャットをした際、このことを話すと、「みんながお父さんみたいにしてくれれば、僕らも楽だよね」と珍しく話が弾み、息子をバーチャル終活の定期共有先として登録することになった。多感な時期の離婚で息子を傷つけたすまなさがずっと心にあるが、少しだけ償えたような気がした。

終活カウンセラー活動

自分の専門的知識も活かせるので、時にはバーチャル終活のカウンセラーも引き受けている。カウンセリングする側に回ってみると、役に立てることが嬉しいのはもちろんだが、外から見たら幸せそのものの人が悩みを抱えていたり、弱弱しく見える人がしっかりとした考えを持っていたり、など人間の奥深さを感じる。

(4) ビジネス系シニアD氏の場合

D氏は75歳で一人暮らしの女性だ。裕福な家庭で育ち、高校時代から米国に留学し、そこで大学を卒業して日本の商社に勤めていた。何人か婚約直前までいった人はいたが、結局結婚しなかった。海外勤務を好まない女性が多かった中、海外赴任も多数こなした。定年まで勤めた後も、同僚がアメリカで立ち上げた会社で貿易関係の仕事をしていた。経営者だった友人が引退したので70歳の時に一緒に引退した。貯蓄もあるし、相続した不動産を持っているので生活に余裕はある。

D氏のある一日――世界の友人とのつながり

朝食を取りながら、世界中に散らばっている友人の様子をSNSで見る。SNSのアプリには簡単に挨拶をする仕組みがあるので、どのくらい活発に動いているか、今連絡できるかがわかる。オーストラリアにいる友人から挨拶が届いたので挨拶を返す。それだけのことだが、思いがけない人から連絡がくることもあり、アプリをのぞくのが毎日の楽しみになっている。挨拶だけのつもりが日本の政治状況に関する質問がきたのでつい長話となった。代わりにオーストラリアの資源の話も聞け、ビジネスのアイデアの種をもらった。早速、タブレットの秘書機能アプリを立ち上げてアイデアの概要をさっと話すと、メモができあがる。こうして、ちょっとした思い付きをメモしておき、定期的に信頼できる仲間とバーチャル会議室でディスカッションするのが楽しみだ。世界にはビジネスチャンスがまだたくさんあると思うとわくわくする。かけているメガネは瞳孔の動きから自分の興奮度合いを測れる。元々は投資判断を冷静に行うために利用していたのだが、いいビジネスアイデアが出たときの反応には特有のパターンがあることが分かったので、最近はディスカッションやアイディエーションの時にもかけることにしている。

仕事の会議

そうしているうちに、所有している不動産の管理の打ち合わせ時間になったのでバーチャル会議アプリを立ち上げる。気になる箇所などが画像やデータで事前にチェックされているのでスムーズだ。見た目だけでなく、コンクリートの強度なども自動で打診分析を行っている。昔はいい加減な管理会社にひどい目に遭わされたこともあったが、データ化が進んで自分で確認できるようになった。高齢女性だと軽く見られることも多いし、遠方の物件は目が行き届かないこともあるのでデータで遠隔チェックできることは助かる。バーチャル会議で管理会社と補修が必要な部分について方針を決定できた。休憩しながらふと地域SNSをのぞくと、自治会の役員を募集しており、知り合いの女性からも誘いの連絡がきていた。興味があるのでエントリーして色々と問い合わせを返した。

健康不安への相談

先日、心臓が苦しくなって病院に行った。心機能が低下して肺に水が溜まっているそうだ。今日も苦しいので受診したいが、いつも待たされるし、スタッフが忙しそうで感じがよくないので、できれば行かずに済ませたい。ウェアラブルと連動した健康管理アプリのデータをオンライン診療に送って、受診すべきかアドバイスをもらうことにした。バーチャル検査技師がリアルタイムのデータを見ながらじっくり相談に乗ってくれる。時間を気にせず、分からないことも遠慮なく聞けるので気楽だ。やはり受診した方がいいらしい。オンライン診療アプリから、明日の病院の診察を予約して、今日のオンライン診療のデータを送信しておく。これで病院のスタッフが少しでも楽になるといい。またなにかビジネスのアイデアに結びつきそうな予感がする。

新たな出会い

ふと気づくと、知らない男性からメッセージがきている。どうやら自分のアバターが勝手にサイバー空間で活動して、同じ国に駐在していた経験のある人を集めているようだ。アフリカの小国だったので、今まで話を共有できる人がいなかったため興味をひかれた。顔を見たこともないが、その国で驚いたことや感動した風景の話でかなり盛り上がってしまった。今更という気もしつつ、少しときめく。そのせいか、心拍数と血圧のデータに影響が出て、バーチャルアシスタントが

図表３－４　D氏の生活を囲むサイバー空間の例

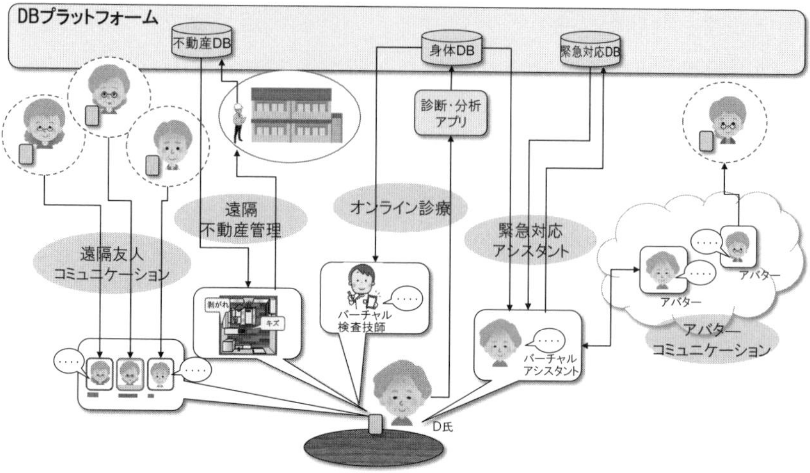

どんな状況かを問いかけてきた。症状を伝えると、データと対話の結果が健康管理アプリに記録された。かすかなときめきを察知されたようで少し照れてしまう。

老いへの対策

夕食を終えてタブレットで日記をつけていると、バーチャルアシスタントから、急に倒れたときの対処方法を決めておいた方がいい、とアドバイスがきた。今日何度か健康不安を感じる出来事があったからだろうか。なんとなく考えてはいたが具体策は打っていないので焦りを感じる。センサーと連動して、指定した先に通報してくれるサービスが複数あると知り、比較検討を始めた。考えてみれば最近唯一の身内の妹にも連絡していないので、少し話をしてみようと思い、バーチャルアシスタントと妹との話題のリストを作り始めた。妹とは昔は仲が良かったが、大人になってからはそれぞれの生活が第一となり話す機会はほとんどなかった。しかし、最近、親戚の不幸を機に、SNSでお互いの懸念を伝えあうようになったことがきっかけで、昔話などをして妹との距離が縮まったように感じている。妹は結婚しているが、子供が近くに住んでいないので、何かあった際には助け合えるかもしれない。

(5) ライフイベントに直面するE氏

Eさんは85歳の男性。体は元気で、マイペースに生活しているが、最近物忘れが目立つようになってきた。妻は元々体が弱いので、料理以外は妻の指示のもとでE氏が家事をしている。そんなある日妻が入院することになった。息子が遠方に１人いる。

E氏のある一日――妻の入院

定期受診に行った妻が急に入院することになり、病院で色々な手続きをしなければならなくなった。記憶力に自信がなくなっているので不安だが、息子を呼ぶのも気が引ける。試しに、スマートフォンを使い「ご近所ヘルプネット」で困っていることを呟いた。すると、看護師経験のあるBさんが一緒に話を聞いてくれることになった。Bさんと病院玄関で待ち合わせ医療スタッフの説明を聞いた。スタッフは矢継ぎ早に治療方法や部屋を説明し、亡くなった場合のことなどを聞いてきた。Bさんが間に入って解説や質問をしてくれたものの、治療方法や亡くなった時のことを考えると辛い気持ちになりうまく答えられなかった。そんな時、妻が「いざとなったらこのアプリを開いて」と言っていた「妻のバーチャルアシスタント」を思い出した。妻の意向が記録してあったので、Bさんの助けを借りて病院の医療スタッフに説明した。医療スタッフは内容を見て、「なるほど、奥様の意向はよく分かりました。ではこうしましょう」と提案をしてくれ、そこからスムーズに事が運んだ。

慣れない家事

家に帰って一人になると不安が増す。テーブルに置いているタブレットのバーチャルアシスタントアプリで妻のアバターと会話してみた。ごみ出しや猫の世話のことなど、こまごましたことを言いつけられたが日常に帰ることができてほっとした。

息子に連絡したが、やはり来てもらうのは難しいようだった。忙しいから無理もないが、困りごとがあればいつでも呼んでほしい、と言ってくれるのは心強い。

食事はいくつか制限があるので困ったが、これまでの食事の履歴データをもとにレシピが推薦され材料も届く。家事ロボットと一緒に調理してみると意外とよくできて、小さな自信になった。

E氏のその後――妻の死

しばらくして、妻は病院で亡くなった。終末期医療の意向がバーチャルアシスタントで共有されていたので、医療スタッフが妻の思いを尊重してくれていることが伝わってきて、落ち着いて看取ることができた。息子と協力し、妻の生前の意向に従って葬儀を終えた。妻は体が弱かったけれど、サイバー上のつながりを含めて実は友達や知り合いがとても多かった。バーチャルアシスタントが妻が亡くなったこと、葬儀の日時や場所を妻の指定した人たちに知らせてくれたので、たくさんの人がお別れに来てくれた。サイバー上でもお葬式が行われている様子を見て、息子は「お母さんは、色々な人に愛されていたんだね」と感じていた。

家事ロボットの助けを借りたり、バーチャルアシスタントがゴミを出す日をリマインドしてくれることで、なんとかE氏一人で生活できている。週に１回は生活サービス会社に掃除に入ってもらい、夕食は一日１回の配食を利用することにした。配食はE氏の健康管理アプリ

図表３－５　E氏の生活を囲むサイバー空間の例

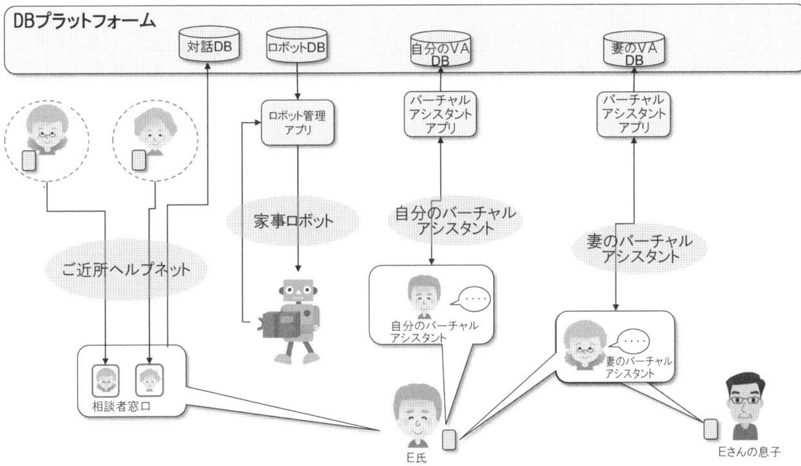

のデータを踏まえて献立が組まれるので、血圧や血糖のコントロールもしやすくなる。

新たな生活の検討

息子は、近くに越してくれれば、と勧めてくれるが、この家に住み続けたい気持ちもあり迷っている。バーチャルアシスタントを開くと自分が以前から話していた望みがわかる。一人になるのは好きではないが、他人に合わせるのも嫌なこと、今の家は海に近いのが何より気に入っていることなど、今までいろいろと話してきたようだ。試しに高齢者用の支援付き住宅を探してみると、いくつか望みをかなえる場所が提示されているので、見学に行ってみようかと思い始めた。

でもまだ、そこまで妻の死から立ち直れていない。何かにつけて妻との記憶がよみがえる。妻がバーチャルアシスタント内に残していった夫婦の思い出写真を見返したときは号泣してしまい困った。「なんだか夕暮れ時は寂しいなあ」「妻のお気に入りの店で、彼女が好きだった桜餅を買ったんだけど、自分は桜餅好きじゃないんだよ、バカだよなあ」などとバーチャルアシスタントに話しかけているのは息子にも秘密だ。そんな日々の中で、少しずつ自分が立ち直ってきていることも感じている。

E氏の息子——母の死とこれからの父のこと

両親はもともと仲が良かった。母は体が弱かったが、精神的に父をずっと支えていた。母が家事も事務的なことも一手に差配していた分、父はどこか母に依存していた。できすぎる妻も考え物だ。一人っ子なので、いつか自分が親の支援をすることになるのだろうか、仕事の傍ら可能だろうかと、若い頃からいつも心のどこかに心配を抱えていた。だが母親は最近バーチャルアシスタントを利用しており「このアプリにすべて伝えてあるから、必要だったらいつでも見ればいい。あなたには迷惑かけないように、お父さんのこともちゃんと考えてあるから」と言っていた。たまに閲覧すると、家事や母の死後の葬儀等について細かに指示がなされていた。他の事は、「専門家にお任せして処理すること」「家族で話し合って決めること」とざっくりとした意向が記してあり、心が軽くなった。母はこだわりの強い人だったので意に沿わないことはしたくないが、離れて住んでいると細かな意向は分からないことが多い。例えば誕生日の贈り物一つ選ぶのに苦労してきた。まして老後の生活や医療に対する意向、葬儀の意向など知りようもなかった。母が明確に「こうして欲しい」という意向や「ここはこだわらない」という意向を表明してくれていると、それを実現する手段はいくらでも自分が検討できる。

実際、母が入院することになった時も、父は慌ててはいるものの、母の言いおいた通りに対応しているようだったし、近所の方にも助けていただいた。おかげで自分も余裕をもって仕事の段取りをつけてから母に会いに行けた。

母を看取るのは悲しかったが、母を知らないはずの医療スタッフが、点滴を替える時など、ちょっとした時間に、母が昔からおしゃれだったこと、特にアクセサリーのハンドメイドが得意だったことなど、元気なころの母の姿を自然に話題にしてくれるので、皆で母を見守っているのだという安心感があった。

亡くなった後のことも、母が生前示していた意向がバーチャルアシスタントに示されていたので、円滑に処理ができ、父とともに落ち着いて母を見送ることができた。多くの友人がリアルとサイバーで母を悼んでいるのを目の当たりにすると、母の人生がいかに豊かなものであったかを感じ、改めて母を人として尊敬する気持ちが生まれた。

父が１人で生活するのは到底無理だと思っていたのだが、どうやらなんとかやっているらしく驚きだ。先日遠隔で様子を見たところ、家の中もきちんと片付いているし、父の顔も前と少し違ってシャキっとしているようだ。近くに越してくればと言ってみたら、何か他に考えがあるようなので、しばらくは見守ろうと思っている。

2 シニアの活力を高める4つのデジタルコミュニケーション

(1) 喪失から回復し、さらに成長を続ける「レジリエンス」

①で紹介した5人は、加齢に伴って心身機能が衰えたり、配偶者を失うといったイベントに直面したり、仲間が減ったり、漠然とこれからの不安を感じたりしつつ、それぞれの暮らしを充実させている。彼らは様々なデジタルツールを活用しているが、行っているのはヨガや筋トレ、家事、農作業、趣味、友人との交流などで、決して特別な活動をしている訳ではない。だが、これは決して簡単なことではない。高齢期には、それまで持っていたもの（心身の機能、大切な人、お金など）を徐々に失っていく。喪失を経験しながらも、どのように幸福感や充実感を得るのかが、高齢期の最大の課題といえる。

近年「レジリエンス」という言葉が注目されている。レジリエンスは物理学や工学の分野で用いられていた言葉で、物体に大きな力が加わった時、どのくらいそれを吸収したり、元に戻ることができるかを表している（ちなみに「ストレス」も、語源はその「大きな力」を表す物理学用語だという説がある）。精神医学・心理学分野[1]では、厳しい養育環境におかれた子供の中にも、優秀で自信を持つ成人になる者がいることが着目され、彼らの成長過程を表すものとしてレジリエンスの概念が提唱された。貧困や虐待や親の精神疾患といった「逆境」にあっても健全な成長をした者は、そうでない者と比較して、成長過程においてかかったストレス（十分な食事がないとか、親からのケアが受けられないとか）を吸収したり、傷つきから回復する働きが強かったという考え方だ。

アメリカ心理学会[2]は、レジリエンスは逆境やトラウマ、悲劇、脅威、強いストレスにさらされた時に、それにうまく適応するプロセスと定義している。逆境だけではなく誰もが経験しうる日常的なストレスやライフイベント（人生上の大きな出来事）、精神疾患、戦闘や事故や自然災害という経験にもレジリエンスの考え方が広がっているのだ。以前はネガティブな出来事の発生をどうしたら減らせるか、どうしたら傷つかないかに主な関心がもたれていた。レジリエンスに期待が持たれているのは、負けても傷ついてもよく、そこからまたもとの姿に戻ったり、新しい姿に向かっていけるという考え方に誰もが希望を持てるからだろう。今や個人だけでなく、都市や社会にも、気候変動や災害に対するレジリエンスの概念が広がってきている。

(2) どのようにレジリエンスを高めるか——4つのつながり

レジリエンスはまだ新しい概念であり、レジリエンスとは何か、どのように獲得できるかについての定見はまだない。例として、研究によく使用されているレジリエンス（回復力）尺度を紹介する（図表3－6）。これだけだと個人の固有の能力のようにみえるが、このような個人であるためには周りにそれを支える重層的なつながりがなければならない。高齢期の生活におけるレジリエンスを図示したのが図表3－7である。個人のレジリエンスだけでなく、家計、家族、近隣、コミュニティ、社会のレジリエンスがそれを取り巻いている。

筆者はこれを4つのつながりとして再構成した。4つのつながりを高齢者が自ら作り出し、維持すれば、人生100年をしなやかに（レジリエントに）生き抜くことができると考えている。4つのつながりとは、**自分とのつながり、仲間とのつながり、専門家とのつながり、社会とのつながり**である。

図表３－６　コナー・デビッドソン回復力尺度

1	変化に対応できる
2	親しくて安心できる人間関係
3	時には、運命や神様が助けてくれる
4	どんなことにも対応できる
5	過去の成功が新しい挑戦へ自信を与える
6	ユーモアを大切にする
7	ストレスに対処することで強くなれる
8	病気や困難な体験の後にも元気を取り戻すほうだ
9	物事は意味があって起こる
10	結果がなんであれ最善をつくす
11	目標に到達することができる
12	絶望的に思えても、あきらめない
13	どこに助けを求めればよいか知っている
14	プレッシャーがかかっていても、集中し考える
15	問題解決は率先して行う
16	失敗に簡単にはくじけない
17	強い人間だと思う
18	嫌がられる、または、厳しい決断をすることができる
19	不快な感情にも対応できる
20	直観に頼る
21	目的意識が強い
22	自分の人生をコントロールしている
23	挑戦が好き
24	努力して目標を達成する
25	成し遂げたことに誇りを持つ

０点：まったくあてはまらない
１点：ほとんど当てはまらない
２点：ときどき当てはまる
３点：しばしば当てはまる
４点：ほとんど当てはまる

（出所：Connor KM, Davidson JRT : Development of a new resilience scale ; The Connor-Davidson
Resilience Scale（CD-RISC）. Depression and Anxiety, 18 : 76– 82（2003）.）

図表３－７　文脈的かつ集合的なレジリエンス：高齢期のレジリエンスの尺度

（出所：「高齢者向けレジリエンス尺度作成の試み：生態学的アプローチ」石盛 真徳，岡本 民夫，三村 浩史（他）追手門経済・経営研究（23），1-16, 2016-03
（Wild, K., Wiles, J. L ., & Allen, R. E. S.（2013）. Resilience: Thoughts on the value of the concept for critical gerontology. Ageing & Society, 33(1), 137-158. の和訳））

(3) 自分とのつながり――意欲、自己認識

つながりという言葉は、自分と他者（外界）とのつながりをイメージさせることが多いが、実はそのベースに、まず自分とのつながりがある。近年主にマネジメントの領域で自己認識（セルフ・アウェアネス）能力が注目されている。アメリカの組織心理学者ターシャ・ユーリックはその能力を内面的自己認識と外面的自己認識に分けて定義した。内面的自己認識とは自分の価値観、情熱、願望、環境への適合、反応（思考、感情、態度、強み、弱みなど）、他者への影響力について、自身がいかに明確にとらえているか[3]であり、外面的自己認識は同じ要素について、他者が自分をどのように見ているかに関する理解である。

特に内面的自己認識は、自分が今どのような状態なのか明確に把握し、どうありたいのかというイメージを持てるという点で、個人の意欲や行動選択のベースとなっている。このような説明だと厳めしく響くかもしれないが、周りを見渡してみてほしい。自分と全く同じ人はいないし、そもそも、誰かと全く同じ人はいない。見た目も行動も全員違っている。この違いを作り出している大きな要因が自己認識だ。退勤後に2時間自由な時間があったとして、髪が理想の状態より伸びすぎていると認識したらヘアカットに行くかもしれない。運動不足だから少しでも汗をかいてすっきりしたいと認識したらウォーキングをするかもしれない。現状と、望ましい姿を認識して初めて行動意欲が生まれる。

自分の状態がわからない、どうありたいのかのイメージが持てない状況は、行動のスタート地点もゴール地点もない状況ということができ、人はそこにただ立ち止まっているしかない。日常生活でいえば惰性でルーチンをこなすだけの状態である。内面的自己認識に基づいて立ち止まっている場合（例えば今日は外出せず、のんびりして充電しよう）は、それがゴールとして意識されているため、同じルーチンをこなしていても心の持ちようは異なっている。高齢期はこの2つが混同されがちで、規則正しい健康的な生活を送っているように見える人でも、実際には自分が今どういう状態なのか、どうありたいのかが見えなくなっていることも多い。その結果、新たな選択を迫られるような状況において（例えば、運転が難しくなる、住み替えるなど）、選択を行う基盤を失ってしまい、消極的な生活に陥りがちなのである。

内面的自己認識をクリアに持っていること、つまり自分に関する情報を有していることがすなわち「自分とつながっている」状態だと筆者は考えている。それは決して難しいことではなく、簡単なものでいえば鏡を見るだけでもよい。情報技術が発達している今、自己認識の手段は多様化している。事例の中では以下のようなものが当てはまる。

A氏：腕に着けたウェアラブルセンサーの表示で、かなりよく眠れたようでほっとする。
ジムに表示されている、トレーニング実績の全国ランキングでは同年代トップクラスは当たり前、ライバルは50代だ。
B氏：自分では思いつかないような意外な色の組み合わせを恐る恐る試してみると、顔の印象がぐっと若返り、自分でも驚いてしまった。
C氏：（筋力が）回復するにつれアシストの程度は下がっているようだ。
D氏：かけている眼鏡は瞳孔の動きから自分の興奮度合いを測れるもので、元々は投資判断を冷静に行うために利用していたのだが、いいビジネスアイデアが出たときの反応が特有のパターンであることがわかったので、最近はディスカッションやアイディエーションの時間にもかけることにしている。
E氏：バーチャルアシスタントを開くと、自分が以前から話していた望みがわかる。一人になるのは好きではないが、他人に合わせるのも嫌なこと、今の家は海に近いのが何より気に入っていることなど、今までいろいろと話してきたようだ。

＊A氏は眠れているかどうか、自分のトレーニング実績（体力・筋力）がどの程度なのかを定量的に把握し、ライバルという目標を設定している。
＊B氏はARグラスでの服の試着を通じて、新たな自分の美しさを発見できた。
＊C氏はアシストツールのアシストの程度で自分の傷の回復度合いを認識し、まだ自分は回復できるとか、もう少し助けが必要だという感覚を得ている。

＊D氏は意識的に、自分の興奮度合いを定量化し、行動の判断の一助にしている。

＊E氏はこれまでのバーチャルアシスタントとの会話記録を見る中で、自分の価値観や望みを把握した。

このように、自分が今どのような状態にあるのかを知る手段は、IoTの発達によって急拡大している。古くから家庭にあるのは歩数計や血圧計や体重計であるが、睡眠や活動量もウェアラブルツールによって簡単に計測できるようになっているし、電気の使用量等によっても生活の様子を客観的に知ることができる。それ以外にもカメラを通じて感情を推定したり、姿勢をモニターするなど、自分に関するデータはますます集めやすくなっている。これらの技術を用いて、「自分がどのような状態なのか」をシニアが認識しやすくすることはすぐにでも可能だ。ただし、単にデータを見るだけで自己認識ができるわけではない。まずデータの解釈をしやすくする（評価する）ことが必要なのはもちろんだが、それで分かるのは今自分がどのような状態にあるか、だけだ。そこから「どうありたいか」の自己認識を引き出すためには、いくつかの工夫が必要だ。

①　工夫１　どうありたいか考えるきっかけ

特に関心のある事項については、自分がどのような状態なのかを見るだけで、どうありたいかまで意識することができる。体形にこだわりのある人なら、体重を測るだけで理想との乖離を感じ、運動量を増やすなどの行動につながるだろう。より広い範囲で、特定の事項に関心がなくとも自己認識を促す最も簡単な方法は、選択の機会を設けることだ。例えば仕事をしていれば、その日会う人やその目的によって、装いや振る舞いの仕方を自ら選択することになる。相手にどういう自分を認識してもらいたいかを、半ば強制的に考えさせられている。高齢期にはそういった機会が減るが、一日の時間を、家でのんびりすごすか、外で活発に運動するか、といった日常的な選択の裏側にも、「どうありたいか」の自己認識が関与する。小さなことでよいから、意識的に何かを選択する機会を毎日持てるような工夫が必要だ。

②　工夫２　ポジティブな意味づけ

高齢者はどうしても心身の機能が低下するし、見た目も老化していく。単純に「自分がどのような状態か」を見るだけでは、気分が落ち込む可能性が高く、見ない方がましだ、見ても仕方ないという気持ちになる。どうありたいか、と問われても、叶わぬ願いならば何も望まない方がましという気持ちになるだろう。それを美化する言葉はたくさんある。「引退」「卒業」といって、自己認識を枯らしていく人は多い。ただ、それで生きるには人生100年は長すぎるというのが本書の出発点だ。自己認識の機会をポジティブなものとして意味づけることが重要だ。

③　工夫３　自分との「対話」の仕掛け

自己認識は、本来的に自分との対話を通じて形成される。心理カウンセラーがこれを支援する場合、カウンセラーは存在を主張せず、本人の自己対話を促すための問いを発する役に徹する。ビジネス場面でもよく「壁打ち相手」という表現が用いられるが、それに似ている。誰かにアドバイスされるとか、教えてもらうのではなく、自分に問いかけて自分に答えるという自己対話を引き起こすことが必要だ。

(4)　仲間とのつながり——充実

１章で触れたが、高齢期、特に男性は友人や仲間がいない人が増加する。勤めていた会社の同期入社社員との関係は男性にとってかなり強いつながりとなっていることが多い。しかし定年後は出身地に帰ったり、子供に呼び寄せられて転居するなどの物理的な距離の変化で集まりに参加しづらくなったり、病気になったことを知られたくないなどの理由で徐々にそのつながりが薄れていきがちである。女性も同様で、昔は楽しく旅行に行く仲間やランチを楽しむ特定の仲間がいたのだが、家族の介護で外出ができなくなった、杖を手放せなくなったなどの理由で、歯が抜けるようにメンバーがいなくなり、「解散」になったという話をよく耳にする。元気な時に形成した仲間のつながりはかけがえのないものだが、加齢に伴ってそれまでと同じつながり方（例えば一緒にゴルフを楽しむとか、旅行に行くなど）はしにくくなることが多い。活動の切れ目が縁の切れ目にならないような工夫が必要だ。

さらに、人生100年であると考えると、70歳以前にできた仲間と30年つながり続けるだけでなく、年齢を問わず、「新たな仲間」を作り続けることが必要だ。

仲間とつながる手段やそのつながりのあり方は、インターネットの発達やスマートフォンのような携帯端末の個人化、ソーシャルネットワーキングサービス（SNS）ツールの発達によって、ここ数年で急激な変貌を遂げている。それらを活用した高齢期の「仲間とのつながり」を、事例では以下のように描写した。

A氏：歩きながら今の役員の数人で電話会議をし、地域SNSで活動意欲を表明している人たちに打診することとなった。

A氏：バーチャル会議のシステムを導入したところ、事務所に来られない人たちも参加できるようになり、皆その会話を楽しむようになった。

B氏：同年代の女性が多数参加しておりSNS上でコミュニティがある。
B氏：サイバー句会に参加。
D氏：思いがけない人から連絡が来ることもありこのアプリをのぞくのが毎日の楽しみになっている。
D氏：知らない男性からメッセージがきている。どうやら、勝手に自分のアバターがサイバー空間で活動して、同じ国に駐在していた経験のある人を集めているようだ。

＊A氏は、地域でのSNSを通じて、次の自治会役員になりうる人を把握し、新たな役員とのつながりを作っている。また、彼の導入したバーチャル会議のシステムによって、これまでならばNPOを辞めるしかなかった人々（家族の介護がある、遠方に住んでいる）もつながりを保って楽しく関わっている。
＊B氏は、趣味の俳句やヨガを、物理的に近くに住んでいる仲間だけでなく、世界中の同じ趣味を持つ仲間とも行って、刺激を受けている。
＊D氏は、SNSを通じて、新たなつながりへの期待を持ち続けている。

先述の通り、高齢期には、それまで培ってきた同年代の仲間のつながりは維持が難しく疎になる。それを補い、さらに充実させていくためには、既存の仲間とのつながりのあり方を更新しつつ、新たなつながりを作りやすくすることが重要だ。ここでいう「仲間」は何かを共有していることを指しており、同じ年代とは限らない。趣味や関心や住んでいる地域、経験したこと、価値観など、多くのことが「仲間」つながりの手掛かりになりうる。SNSの発達によって、自分と共通項を持つ人とのつながりは圧倒的に作りやすくなっている。若年層では交際相手をマッチングアプリで見つけることはもはや一般的になっている。マッチングアプリでは年齢や学歴などの属性だけでなく、価値観や好きなことといった、共通点を見つけるための手がかりが多数表示されている。

SNSツールはスマートフォンの普及とともに徐々に高齢者にも広がりつつあり、特に簡単に、気軽に、楽しくコミュニケーションができるものは人気がある。筆者らの経験では、男性はこういったツールの利用を始めるのに消極的だが、使い始めると相当な熱量で利用される。ただ、たくさんの人とつながるというより少数の人と濃くつながることを好む人が多いようである。また、活発に人付き合いをしていると見える高齢者も、実は注意深く距離をはかり踏み込みすぎないようにしていることが多い。高齢者は長い人生の中で若者より多くの失敗経験をしてきているし、高齢期になるとお互い悩みを抱えている可能性も高まることから、人付き合いには細心の注意を払っている。そういった個人のつながりに対する指向や高齢期ならではの配慮も反映し、自然な形で仲間とつながり続け、いつでも新たなつながりを作れる仕組みが、高齢者にこそ必要だ。

(5) 専門家とのつながり――安心

高齢期は様々な形で、専門家の知見を要する困難な意思決定が増える。医療や介護、相続、葬儀など、これまでに経験のない種類の意思決定が増えるからだ。第１章でも触れたが、そのような意思決定を行う場面では、情報処理や判断の余力がないことが多い。急に配偶者の入院が必要になって慌ててしまったE氏はその例である。他者のための意思決定も簡単ではないが、例えばこれがE氏自身の入院であれば、自分のための意思決定をすることは病状によってもっと難しくなりうる。極端にいえば自分が死んでしまったら、自分のための意思決定や事務処理はもうできない。これが、人生100年のもう一つの課題であり､「自分の老後はどうなってしまうのか」という不安の根源となっていると考えている。何も手を打たなければその不安は必ず現実化するが、不安を一つ一つ解消していくことは不可能ではなく、個人が備えることが相当に可能である。例えば、死後のことであれば死後事務委任契約を結んでおくことで、他者が自分の意思決定に基づいて葬儀をしたり各種手続きや遺品整理をすることが可能だ。

そのような手を打って不安を解消するためには、専門家の知見を借りることが重要になる。これまでに直面したことのない課題については年齢に関わらず誰もが初心者なのだが、専門家への相談に尻込みする高齢者は多い。長く生きている分、何から話すかという情報整理の負荷も高くなり、実際のところ説明が上手にできず挫折してしまうことも多いようだ。

上手に人の力を借りて問題を解決できることは、特に高齢期のレジリエンスにとって重要である。そのためには、まず、専門家とのつながりを円滑に開始し、維持する仕組みが必要だ。

事例では以下のような描写があった。

C氏：１年前からバーチャル終活でカウンセリングを受けている。自分に付き合いのある人や、寝込んだら困ること、人に頼みたいことの情報などを整理しつつあるところだ。

D氏：ウェアラブルと連動した健康管理アプリのデータをオンライン診療に送って、受診すべきかアドバイスをもらうことにした。バーチャル検査技師がリアルタイムのデータを見ながらじっくり相談に乗ってくれる。

D氏：今日のオンライン診療のデータをあらかじめ病院に送信しておく。
E氏：バーチャルアシスタントに妻の意向が記録してあったので、Bさんの助けを借りてそれを病院の人に見せながら説明した。

＊C氏は、バーチャル終活のアプリで、自分が弱った時に何が困るのか、誰に何を頼めるのかを整理し、実際に腰を傷めたときに犬の散歩を代行してもらった。
＊D氏は、ちょっとした体調の変動が、受診すべきものかどうかをあらかじめ検査技師に相談し、病院受診のための情報を事前に送信した。
＊E氏は、妻の入院にあたって、妻が事前に整理していた意向を病院に伝え、適切なケア環境を整えることができた。

専門家とのコミュニケーションでは、いかに自分の情報を整理して、うまく伝えるかが重要だ。そうすれば、専門家の能力を情報整理ではなく、問題解決に投入させることができる。また、日々マイペースに整理をした情報のほうが、専門家と対峙して問いに答える時よりも自分の意向を反映できる可能性が高い。その情報整理を的確に行うための仕掛け、情報を専門家に伝達する仕組みが必要だ。

(6) 社会とのつながり――活力

人間はポリス的動物であるとアリストテレスは言った。人間はポリス（共同体）を形成し、ポリスは最高の善を目指すものだから、人間も共同体の中で善を目指して分業するのが本質だ、ということだ。彼はそれが必要ない、またはできないものは、人間ではなく獣か神だとまで言っている。

社会とのつながりは、そのような本質論としても、生きていくための手段としても、人間にとって重要である。若年者は教育や就労や子育てを通じて社会とのつながりを持ちやすいが、高齢期はそういった活動の機会が減るため社会とのつながりが薄くなりがちである。一章でも触れた通り、社会的な活動に参加したいという意欲がうまく実現機会に結びつかない間に、体力などの問題で活動意欲が失われてしまうのが現状だ。そこには、そもそも社会とつながるための選択肢が少ない上、選択肢に関する情報も乏しく、高齢者が自らの意欲や能力をうまく流通させることができないという問題がある。

本書の事例では、高齢者が自然な形で社会とつながる姿を描写した。

A氏：ご近所ヘルプネットを通じて犬の散歩を代行。

B氏：日の出の時間にヨガをする企画が提案された。もしかしたら自分が世界に配信される番かもしれないなと思うと、わくわくする。

B氏：高齢者の入院の手続きサポート依頼がきている。もともと勤務していた病院に入院するようだし、家も近いので引き受けることにした。

C氏：地域のお店からトマトを買いたいという申し出があったので、午後に届ける約束をし、車で向かう。お店の人から「この間の小松菜も美味しかった、好評だった」と言ってもらえた。元来無口なので、そう言われてもうなずくくらいしかしないのだが、実際はこういうやり取りはとても好きで、心が温まるのを感じる。

C氏：地域SNSで、病院まで乗せてほしい近所の人がいることを知り、送ってあげることにした。帰りも乗せる約束をした。

C氏：自分の専門的知識も活かせるので、時にバーチャル終活のカウンセラーも引き受けている。

D氏：地域SNSをのぞくと、自治会の役員を募集しており、知り合いの女性からも誘いの連絡が来ていた。興味があるのでエントリーして色々と問い合わせを送った。

E氏：バーチャルアシスタントが妻が亡くなったこと、葬儀の日時や場所を妻の指定した人たちに知らせてくれ、たくさんの人がお別れに来てくれた。息子はその様子を見て、「お母さんは、色々な人に愛されていたんだね」と感じ入っていた。

＊A氏は、ご近所ヘルプネットを通じて、犬の散歩ができず困っていたC氏を助けた。

＊B氏は、普段見ているヨガのプログラムのコンテンツとして自分が配信されることに期待感を持っている。

＊C氏は、自分が作ったトマトを地域のお店に販売し、消費者（B氏も含む）の声や姿を見ることで、充実感を得た。また、病院まで行きたいB氏を車に乗せてあげることにしたし、自分の知識を活かして終活カウンセリングも行っている。

＊D氏は、自治会の役員になる機会があることを地域SNSで知った。

社会とのつながりは様々な形がありうる。高齢者の就労が政策的に推進されているところだが、本書では就労に限らず、高齢者が有するリソースを流通させる仕組みを指して社会とのつながりとしている。そのリソースは時間や能力だったり、専門知識であったり、作ったものだったりする。本書の事例は、身近な地域においてお互いがさりげなく助け合うためのリソースの使い方を主とした。それが今、地域からも求められている現実的な姿だと考えたからである。しかし社会とのつながりのあり方は、誰かの役に立つことに限らず、例えばBさんのように自分を世界に発信することであってもよい。他の３つのつながりが充実した先には、今では考えつかないような様々な社会とのつながり方をする高齢者が増えることを期待する。

(7) 自己対話を中心とした4つのつながりの創出――自分のデジタルツインsubMEとの対話

自分とのつながり、仲間とのつながり、専門家とのつながり、社会とのつながりの４つを高齢者が自ら作り出し、維持することはどのような手段で可能になるだろうか。

４つのつながりのうち、自分とのつながりは他の３つのつながりの基本となるものだ。自分とのつながりは、自己対話を通じて可能になるのだが、高齢期の生活では、選択の機会の減少や、認知機能が低下することによって、自己対話は減少しがちだ。日常的に高齢者と接点を持つパートナーが、どうありたいか考えるきっかけを提供し、ポジティブな雰囲気を作れることが望ましい。筆者はそのパートナーとして、自分のデジタルツイン「subME」を考案した。subMEはサイバー空間上に存在する「自分の分身」だ。自分の分身から日常的に自己認識の機会となる問いかけがなされ、高齢者はそれに答えたり、答えた後でも頭の中で問いかけについて考え続ける（自己対話する）。

なぜ「自分の分身」なのかというと、そもそも促進したいものが「自己対話」なので、当然ながらその相手は他者ではなく自分だというのが答えである。他人からの問いかけは無視できるが、自分からの問いかけは無視できない。また、自分に見栄を張る必要もないので存分に迷ったり間違ったりできる。役に立つことを言ってくれる気の利いた存在や、助けてくれるありがたい存在でもなく、自分と対等な存在としてのsubMEが、高齢者と対話しながら自己認識を引き出すのだ。

引き出された自己認識や意欲に基づいて、他の３つのつながりに高齢者が手を伸ばすことが理想だ。subMEはシニアとの対話を通じて、それを後押しする役割を果たす。

【subMEによる後押しの例】

＊subMEが、シニアに関係を修復したい相手がいることを認識した場合、その人と連絡を取ってみるように促す・・・仲間つながりの復活・補強

＊subMEが問いかけを通じて、シニアが心配事を認識し整理するのを援助し、円滑に専門家に相談できるよう準備を整える・・・専門家つながりの構築・活用

＊subMEとの対話で、シニアがそれまで意識していなかったスキルや時間の余裕を自覚し、それを活かせる就労やボランティアの機会に目を向ける・・・社会つながりの構築

心身の機能低下などによって、高齢者が自分で行動するのが難しくなった時には、自分の分身であるsubMEは最期までシニアに寄り添う。また、高齢者の代理として、それまで積み重ねてきたつながりを通じ、他者からの支援を受けることを容易にする。

【subMEが最期まで寄り添う例】

＊入院しているシニアが退院後の生活場所を決める際に、意思をうまく表現できない場合、subMEは、これまで本人が「家で不自由を我慢するより、介護施設で人と生活したい」と話してきたことを本人や支援者（医療・介護サービス提供者や親族等）に共有させ意思決定の材料とした。

＊単身の高齢者が急に亡くなった場合、subMEによってペットの行き先や形見分けの対象となっている友人がわかり、自治体の担当者が連絡を取ることができた

図表３－８　高齢者とsubMEが作り出すつながり

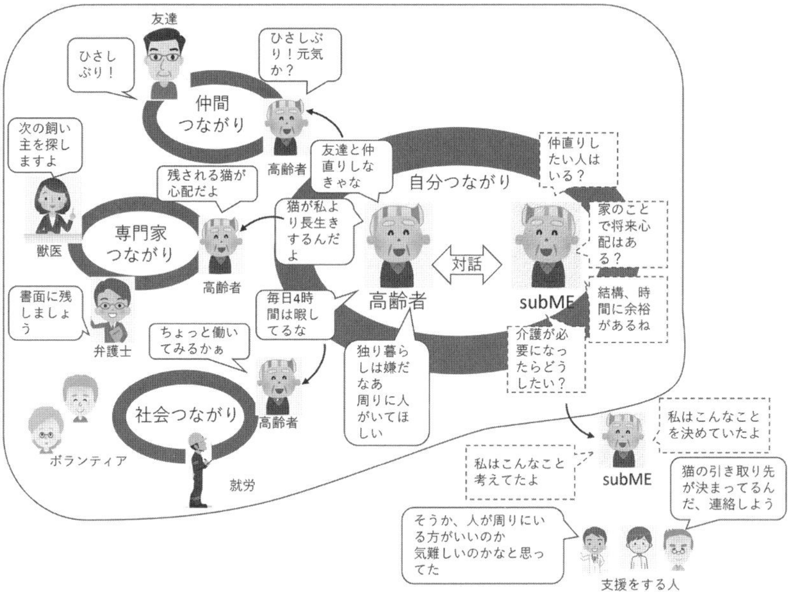

（出所：作者作成）

元気な間は自由に自分の生活を楽しみ、弱ってからもできるだけ自立した生活を続けたいという願いは皆が持っている。同時に、どこかで人の助けを借りることになるだろうという予期も皆が持っている。高齢者自身が今を楽しみながら、仲間や専門家や社会とのつながりをマイペースに積み重ね、将来の備えとしていくことを、高齢者に一番近い場所で影のように支え続けるのがsubMEの目指す姿である。

3 シニアのデジタル空間の構成――シニアの生活を支える機能の構造

A氏からE氏までの生活は、どのようなシステムや技術でサポートされているのであろうか。身体等の情報を共有し、体の衰えをカバーし、やりたいことを支援する環境を支えているのは、(1)バーチャルな世界と接続したり、感覚を拡張する「身体拡張機能群」、(2)ロボットを動かしたり、バーチャル世界のアバターを動かしたり、各種の分析

図表3－9　シニアをサポートするシステム技術

	(1)身体拡張			(2)各種AI			(3)コミュニケーション	
	①AR、VR	②感覚器拡張	③パワーアシスト	①ロボットAI	②アバターAI	③分析AI	①SNS	②マッチング
A氏	バーチャル会議	補聴器			バーチャルコーチAI		スポーツ活動支援SNS 地域SNS	ご近所ヘルプネット
B氏	AR、VR バーチャルジム サイバー句会			冷蔵庫AI 家事ロボット		健康管理アプリAI	SNS料理	ご近所ヘルプネット
C氏		視力補正	パワーアシストスーツ	農業ロボットAI 半自動運転AI	バーチャルアシスタントAI			終活のカウンセラー
D氏	バーチャル会議				自分のアバターAI バーチャルアシスタントAI	健康管理アプリ バーチャル検査	地域SNS	
E氏				家事ロボットAI	バーチャルアシスタントAI	健康管理アプリ		ご近所ヘルプネット
要素技術	VR、ARグラス、センサー、8K×5G	センサー、アクチュエータ、制御	電池、モータ、センサー	制御AI、ロボット×5G	バーチャルアバターAI	分析AI	ビッグデータ処理、自然言語処理	バーチャルアバターAI
基盤技術	IoT（センサー、エッジコンピューター、クラウド、通信）技術、半導体・コンピューター技術							

（出所：作者作成）

を行う「AI機能群」、⑶SNSを活用したり、マッチングを行う「通信・コミュニケーション機能群」、である。（図表３－９）

これらの機能群が利用できるようになったのには、要素技術の飛躍的発展があったからだ。以下に、これらの機能群がどのような要素技術、基盤技術で構成されているかを見てみよう。

（1） 身体拡張機能群

バーチャルな世界と接続するために、ネットワーク上の会議が催され、VRにより退屈な会合が刺激の場になる。VRグラスは軽量化が進んでおり、2020年１月には４K画質で150gと最新のスマートフォンより軽くなっている。激しい運動には適さないが、ヨガなどであれば十分使える。よりアクティブな活動に対応するため、今後、度数が自動調整されるメガネ、骨伝導の聴覚デバイスなどが導入されるようになる。

また、犬の散歩などにパワーアシストなどが日常的に着用されるようになる。パワーアシストは、従来は力仕事に使われてきたが、小型、軽量化が進んで、服の下に着けても目立たないようになり、歩く、階段を登る、屈むなどの日常動作にも使えるようになった。これにより日々の生活に自信を取り戻すことができる。以下に、こうした技術を革新した代表的な要素技術の動向を示す。

① ８KのVR技術×５G技術

VRの普及を左右するのは、VRグラスのコストや画像の精度だ。近年、スマートフォンの普及によってディスプレイやセンサー、電池などの大幅なコストダウンが進み安価なVRグラスが作られるようになり、画像の精細化も進んだ。

VRの画像は、小型平面のディスプレイに移される360度画像をレンズで立体的に見えるように調整されている。これによってディスプレイには目の前のものだけでなく後ろのものまで映し出すのである。ディスプレイがフルハイビジョン（約2000×1000。２Kに相当）の場合、目の前の画像の解像度は600×400程度になる。左右、後ろ、上下の画像を写し出すようにすることで目の前の画像の解像度は粗くなるのだ。これは初代iPhoneのディスプレイのレベルであり、仮想現実を感じるには粗い。フルハイビジョン並みの解像度にするには４倍の解像度、つまり８Kが必要になる。

2020年には８Kに迫る解像度のVRグラスが発表された。その背景には、スマートフォンのディスプレイに高解像度の有機ELディスプレイが使われるようになったことがある。近年、スマートフォンのディスプレイに第一に求められる性能は省エネ性だ。表示と待機の電力消費を下げるための代表的技術が、有機ELと従来のトランジスタ層技術に酸化物半導体を組み合わせた「低温多結晶酸化物」技術だ。こうした技術が使われることによって、トランジスタ層の配線が微細化され、高輝度で高精細なディスプレイという効果が副次的に得られたのだ。半導体技術の進化が、省エネ性と高輝度・高精細のVRグラスを可能にしたことになる。

今後はスマートフォンのディスプレイの進化がVRグラスに及んでいく。８Kが実装されたことで目の前の画像がフルハイビジョン並みになり、VRの満足度が飛躍的に向上し、普及を後押しすることになるからだ。VRグラスは、これまで頭にかぶる数百グラムのものが主流だったが、最新はメガネのようになり軽量化された。軽量化と並行して、今後は省エネ、高輝度・高精細なディスプレイを備えた商品が普及するはずだ。

一方、VRグラスで高輝度・高精細の画像を視聴するには、大容量の無線通信技術が必要になる。現在、動画の主流がフルハイビジョンになろうとしているが、８K動画で見られるためには、画素数はフルハイビジョンの４×４倍、計16倍の通信容量が必要になる。これだけの通信容量を現在の通信環境で確保するのは難しい。５Gとの組み合わせで、使い勝手のいい高輝度・高精細画像が実現する。

②　センサー技術

身体機能を拡張するためには、身体及び周辺の情報を取得する必要がある。近年、センサー技術の飛躍的な向上により、こうした情報の取得が容易になった。従来、センサーは複数の機器と素子を基板上で結線して作られていたが、半導体で培われた技術が持ち込まれて技術レベルが一気に向上した。

半導体の分野では、2010年代前半に構造設計と加工技術が向上したことで、MEMS（Micro Electro Mechanical Systems）と呼ばれる機械的構造を持った半導体を一体的に作り込むことができるようになった。

加速度センサー等には、センサーの姿勢や角度によってバネのようにたわむ可動部がある。従来の技術で作ると高コストでかさばるセンサーになってしまうが、MEMSで培われた技術を用いることで微細な線を半導体の表面に立体的に作り込めるようになった。これにより機械構造部品や基盤実装などのコストが10分の１以下に下がった。画像センサーでも、汎用半導体と同じ構造をしているCMOS（Complementary Metal-Oxide Semiconductor：相補型金属酸化膜半導体）を用いることで製造コストが大幅に低下し、素子の集積度が上がった。

カメラや姿勢センサーなども小型低コスト化が進んでいる。世界中で巨額の開発投資が行われている半導体の技術革新が波及し、センサーの分野では今後も小型・高性能化が進む。

(2) AI機能群

AIを活用した代表的な技術の一つがロボットだ。ロボットといっても、人間のように作業するロボットだけでなく、高機能の家電も含む。

コンビニエンスストア大手５社は、2025年までに食品にICタグの導入をする方針だ。これを受けて、食品の賞味期限の管理や庫内の食品を使った献立提案などができる冷蔵庫の開発が進むだろう。また、家事の分野でも2020年に人型家事ロボット「ugo」の販売が開始される。コロナ禍の中で、宅配ロボットが世界中で実用化された。二足歩行のアバターロボットも発売間近だ。これらの技術を導入した家事ロボットが登場する可能性が高まってきた。

バーチャルなロボットともいわれるアバター技術の開発も進む。スポーツのコーチやライフイベントへの対応をサポートしてくれるバーチャルアシスタントなどである。本書で提案しているsubMEは、シニアとの対話機能やデータベース機能などを備えることで、本人に気づきを与えたり第三者との対話を促したりする。

subMEは以下の機能を持つアプリケーション群で構成される。①シニアとの対話を行うAI、②各種の情報やVR等による体験の選定、提供を行うAI、③ウエアラブルセンサーや身体拡張機器などの情報を取得して身体の状態を分析するAI、④これらの情報やシニアが取得した画像などのデータを蓄積、加工して提示するAI、⑤価値観等のシニアの特性を分析、評価して対話や健康改善などの支援を行うAI、⑥アバター機能、VR、AR機能等により家族や友人、専門家等とのコミュニケーションを行うアプリケーション、⑦関係するサービス提供者に情報を加工して提示するアプリケーション、などである。subMEはこれらのアプリケーションを中心に、各種のサービスアプリケーションと接続するプラットフォームによって構成される。

AIのもう一つの代表的な使い方はデータ分析である。健康管理の分野ではリストバンド型のウエアラブルセンサーから取得したデータの分析が普及している。血糖値を間接的に計測するコンタクトレンズ型のウェアラブルセンサーにより糖尿病などの検査を自動で行うなど、パーソナルデータ分析は医療分野にも及びつつある。こうしたAIの技術を構成する要素技術の状況を見てみよう。

①　ロボットAI制御技術

自動車の分野では自動運転を含むロボット技術が急速に進化している。半自動運転を行うためには、車両自身が周囲の状況を認識して自動的に停止するなどの機能を備えなくてはならない。従来、こうした制御を実現するには高価でかさばる多数のセンサーを装着し、大型のコンピュータで解析しなくてはならなかった。それでも自動車を運転するための即時の分析は難しかった。このうちセンサーは前述したように低コスト化、小型高性能化が進んだ。

自動運転では周囲の情報を画像センサー等で取得し、障害物を特定する。ここで障害物を回避するように車両を操作するか停止するかを判断しなくてはならない。制御システムでは、センサーの情報から周囲の環境をモデル化し、その結果を用いてAIが最適な走行計画を作成する。計画に基づいた走行を行うために、実際の道路状況や車両速度などを考慮して、プロのドライバーの運転方法を学習したAIが車両を制御する。こうした制御システムを構成する技術のハードウェアの代表例がGPU（Graphics Processing Unit）である。GPUはゲーム等のグラフィック計算を高速で処理するために開発された並列処理計算機だが、演算処理機能がAIに適していたことからAI分野で普及した。ゲーム機用に開発されたため、安価でありながら少し前のスーパーコンピュータ並みの演算速度を有していることが普及を促した。

それが半導体の技術により進化したセンサーと組み合わさってAIの制御を高めている。

家事ロボットでも、例えば、画像センサーで洗濯物を認識し、２本のアームを用いて洗濯物をたたむには、画像から洗濯物の空間的な位置を把握し、目的の位置にアームの手先を移動する計画を立て、その軌道に沿って手先を動かして洗濯物をつかむ必要がある。ここでもコストが下がった画像センサーと計算機が使われている。

②　認識・分析AI技術

画像、音声認識などの認識技術、身体データに基づく健康状態の分析のためのAIは急速に進化している。AIを使った認識、分析が急速に成果を出し始めたのは2010年代初頭である。この時期、AIは深層学習による「猫」の画像認識で一躍脚光を浴びた。

深層学習の基本アルゴリズムは1990年代にはできていたが、学習に時間がかかり過ぎ、利用できる範囲は限定的だった。ところが、2010年代初頭になると、計算機の急速な性能向上でそれまで難しかった複雑な画像の認識、音声認識、意味理解、デジタルツインなどの予測モデルが可能となり、AIが真価を発揮し始めたのである。

(3) コミュニケーション機能群

すでに一部のシニアはSNSを生活に取り込んでいる。同じような問題意識を持つ人たちが、健康や生活の情報を共有する場が求められているからだ。

シニアの社会参加を後押しするためにはシニアのやりたいことや素養とサービスのニーズや場をマッチングするシステムが有効である。マッチングによってシニアの社会参加が増えれば、活用できていなかった時間、専門性、設備などのリソースが掘り起こされ、地域の価値が高まる。

こうしたコミュニケーションやデータを活用した付加価値づくりの技術を支えているのが以下のような要素技術だ。

①　ビッグデータ処理技術

SNSはコミュニケーションのプラットフォーム技術であり、ソーシャルアプリケーションの基盤としても使われている。SNSの導入初期は増え続ける非構造化データをどのように蓄積し、処理するかが課題となっていた。それを解決し、クラウドコンピューティングの礎となったのがHadoopである。Hadoopは、2006年には分散したサーバーに非構造化データを蓄積し、分散したサーバーのリソースを管理し、分散的に蓄積されたデータをネットワークの中で処理することを可能とした。これにより、データをすべて構造化して集中的に蓄積しないと分析ができない、という状況から解放され、「とりあえずためる」という運用が可能になり、いわゆるビッグデータを構築することができるようになった。それが言語という大量の非構造化データを適切に処理することにつながり、SNSはクラウドサービスとして発展するようになった。Hadoopはこうしたデータ処理構造を利用して分散コンピューティングによる高速処理を可能とし、2000年代末のAIによる学習の成果の一翼を担うことになった。

しかし、分散蓄積したデータ群の中から意味のあるデータを抽出することは依然として簡単ではない。非構造化データを分析して、いったん構造化データとして取り扱えるようにする必要があるからだ。このためには、Hadoopや、同じく非構造化データを取り扱うNoSQLなどの技術を用いて、データマイニングした後にリレーショナルデータベース管理、RDBMSを行う方法などが考えられている。データマイニングを行うツールが2010年代の中盤には急速に発展したこともAI

の普及を促した。

② 自然言語処理技術

SNSのビッグデータを解析するには言語処理が必要となる。自動翻訳、チャットボットなど近年急速な発展を遂げている分野だ。その一つのトピックが、2018年にGoogleがリリースした自然言語処理モデル、BERTである。文章の前後関係の学習を強化したモデルで、例文の一部を書き換えて、その文意が正しいかどうかを判定する試験を繰り返すなどの学習方法が取り入れられている。言語処理は、単語などの前後の関係が高い精度で認識されなければならず、画像の学習と比べても、さらに多くの学習時間とコンピュータのリソースが必要となる。現在、Google以外の企業も加わって言語処理ツールが改善され、自動翻訳等の高精度化が進んでいる。

③ 基盤技術の進化

デジタル空間を構成する要素技術は、半導体技術やIoT技術の急速な進化に支えられてきた。IoT技術は、現場側のセンサー技術とエッジコンピュータの技術、クラウド側のデータ収集・分析技術、さらには、これらを接続する通信技術によって構成される。

センサー技術は、上述したようにMEMS技術やCMOSを活用した汎用化技術によって、また、エッジコンピュータ技術はゲーム機から生まれたGPUの活用などにより、急速に高性能化、低価格化された。

クラウド側では、ビッグデータの蓄積と活用、さらには分散処理による高速化を経て現在のAIの高速学習の基盤が構築された。

通信では、5Gが導入され高速大容量通信が可能になる。5Gの特徴はクラウド側だけでなく分散したエッジサーバーでも一部分散処理するところにある。対象物の近くのエッジサーバーでAIによる学習などを処理し、クラウドの負荷低減と高速処理を実現する。エッジサーバーにはGPUなどの技術も活用され高速化と低価格化が進んでいる。

このように、IoTの要素技術の進化によりインフラ、サービスは大きな転換期を迎えている。その源は、2000年代後半に10nm（nmは10のマイナス９乗メートル）程度のナノレベルの物質のシミュレーションが実用的な時間で計算できるようになったことに行きつく。nm級の超微細な配線を実現するには量子力学のモデルを解く必要がある。何度もシミュレーションを繰り返し最適な境界条件を算定する膨大な作業である。計算能力の向上によって机上論に留まっていた収束計算が可能になったのだ。その結果、コンピュータの頭脳であるCPUを構成する半導体の緻密な設計、分析が可能となり、MEMSを含む新たな半導体開発が進み、それがまたCPUの性能を向上し、より複雑なシミュレーションを可能にし、高性能な半導体が開発される、というスパイラル的な進化が生まれた。AIについても、学習することでAIの性能が向上し、進化したAIが予測した文章やデータによってAIの学習がさらに進むというスパイラル的な進化が起こっている。こうした傾向は、半導体材料の組み合わせの限界、サーバーの容量やエネルギーなどの物理的制約に達するまで続く。

IoT技術の進化についてもう一つ重要なのは、センサー、コンピューティング、制御デバイスなどの技術が分野の壁を超えて汎用化していることだ。それによって、半導体や自動車など巨大な産業分野で行われた技術投資が容易にシニアの分野に波及するようになっている。

シニア分野でのデジタル空間は、今後シニア関係者の予想を超えたスピードと広さで拡大していくはずだ。

（4）コロナ禍で加速したデジタル生活

2020年初頭、新型コロナウィルスの感染が世界中に広がり、市民生活、生産活動、各種サービスが、近年誰もが経験したことない強い制約を受けた。多くの人が生活に苦慮し、企業は収益低下に苦しむことになったが、一方で、感染を回避しつつ生活や生産活動を維持しようと短期間に数多くのデジタル技術が投入された。

屋内外の荷物等の配送のために世界中で自動運転ロボットが走り回った。感染対策のための検査を安全に行うための検査ロボットが短期間で開発され、XR医療、AI医療によるリモート診療が数多く実装された。いくつかの国では携帯端末や据え置き型のセンサーで感染のトレーシング、アラームのためのシステムが開発、導入された。学校ではオンライン授業が始まり、企業ではテレワークやテレビ会議が常態化した。工場ではロボティクスやデジタルツインなどの技術により、自動化が加速した。コロナ禍で短期間に市場投入された技術群はコロナテックと呼ばれる。

わずか四半期程度の期間にこれだけの技術が世界中で開発、実装、普及されたことは驚嘆の一語に尽きる。しかし、技術トレンドを分析すれば、これらがマジックでもパフォーマンスでもなく必然であることが分かる。ここまで述べたように、産業界がデジタル技術を駆使したプロダクツをリリースできる技術的な基盤を整備し、機能連携が可能なサプライチェーンを構築していたことで、短期間での開発、市場投入が可能となったのである。

前項までの内容と重複する点もあるが、コロナテックの観点で抽出すると、通信技術ではブルートゥース5.0、メッシュネットワーク通信、５Gが実装段階にあり、ロボットの稼働に欠かせないモーターについては32bitマイコンの低価格化による一体化と、小型DCモーターの高性能化・低電力化、米中のオープンソースプロジェクトが進み、高性能化と低価格化が加速している。コロナテックに欠かせないセンサーについてはCMOS画像センサーの高性能化と低コスト化、Liderの低コスト化が実現し、電池についてもバッテリーマネジメントのデジタル制御による高度化と低価格化などによるリチウムイオン電池の性能向上、低価格化が顕著だ。次世代技術と思われていたXRインターフェースについても、QualcommのSnapdragonXRプラットフォームにより小型・安価・低電力のAR、VRゴーグルが開発されている。これらの技術を支えているのは、マイコン、半導体デバイス、AIなどの基盤技術の性能向上と低コスト化、あるいはモジュール化だ。

つまり、社会に明確なニーズがあり、ニーズに応えたプロダクツを投入する機運が高まれば、デジタル技術を駆使したプロダクツを市場投入できるだけ産業界のデジタル・ポテンシャルが高まっていることを示したのが、コロナテックであったということだ。

そして、コロナテックの多くは、コロナ禍が収束後も社会に定着する。例えば、テレワークに後ろ向きな企業は効率性や人材吸収力の面で競争力を低下させるだろう。オンライン授業に対応できない学校には生徒が集まらなくなる。オンライン予約・商品供給などができない商店からは足が遠のいていくだろう。社会基盤を支えるエッセンシャルワークや企業の設備管理などの労働負荷の高い仕事を漫然と人手に任せていることは、SDGsの観点などから社会的に許されなくなるだろう。

これはコロナテックが社会変革のスピードを大幅に加速したことと、新たなデジタルデバイドを生むことを示している。重症化リスクの高さもあってシニアは自宅に引き籠り、コロナテックの恩恵に与れない人が相対的に多かった。こうした点を踏まえると、シニア向けの施策は二つの視点からデジタル技術に向き合うことが求められていることになる。

一つは、今までは何年も先と思っていたデジタル技術が適当な対価で使えるようになったということだ。もう一つは、コロナ禍がもたらした技術革新を積極的に取り込もうとしなければ、シニアはこれまで以上のデジタルデバイドに陥る可能性が高いということだ。

シニア向けの政策、サービスに関わる人は、本章で述べた「シニアのデジタル生活」を遠い未来のことと思ってはいけない時代になったという意識が求められている。

---

[1] 「脆弱性モデルからレジリアンスモデルへ　精神医学におけるレジリアンス概念の歴史」田 亮介, 田辺 英, 渡邊 衡一郎、精神神経学雑誌(0033-2658)110巻9号 Page757-763、2008.09

[2] 「Building your resilience」American Psychological Association（https://www.apa.org/topics/resilience）February 1, 2020

[3] 「リーダーに不可欠な「自己認識力」を高める3つの視点」ターシャ・ユーリック https://www.dhbr.net/articles/-/5215?page=2

第4章

デジタル化が拓く「人生100年時代」の地域

1 デジタル化が拓く地域の活力

（1）家族：負担の軽減と安心感の向上

① デジタル技術で低減する家族の負担

現役世代（20－64歳）の人口と高齢人口（65歳以上）のバランスは、胴上げ型（1965年：シニア１人に対して現役世代9.1人）から騎馬戦型（2012年：シニア１人に対して 現役世代2.4人）、肩車型（2050年：シニア１人に対して 現役世代1.2人）に変化していくと推計されている[1]。また、一人っ子の割合が上昇を続けている（図表４－１）。家族による介護を前提とすると、１人の子供が２人の親の老後をケアすることになり、多くの人が「肩車型」よりさらに厳しい状況に追い込まれることになる。

子世代との同居が減少したため、老々介護・認々介護といわれるように、配偶者や兄弟姉妹など、高齢の親族同士の支え合いも増加して

図表４－１　一人っ子の割合の増加

調査（調査年次）	総数（客体数）		０人	１人	２人	３人	４人以上	完結出生児数
第７回調査（1977年）	100.0%	(1,427)	3.0%	11.0	57.0	23.8	5.1	2.19人
第８回調査（1982年）	100.0	(1,429)	3.1	9.1	55.4	27.4	5.0	2.23
第９回調査（1987年）	100.0	(1,755)	2.7	9.6	57.8	25.9	3.9	2.19
第10回調査（1992年）	100.0	(1,849)	3.1	9.3	56.4	26.5	4.8	2.21
第11回調査（1997年）	100.0	(1,334)	3.7	9.8	53.6	27.9	5.0	2.21
第12回調査（2002年）	100.0	(1,257)	3.4	8.9	53.2	30.2	4.2	2.23
第13回調査（2005年）	100.0	(1,078)	5.6	11.7	56.0	22.4	4.3	2.09
第14回調査（2010年）	100.0	(1,385)	6.4	15.9	56.2	19.4	2.2	1.96
第15回調査（2015年）	**100.0**	**(1,232)**	**6.2**	**18.6**	**54.0**	**17.9**	**3.3**	**1.94**

（出所：国立社会保障・人口問題研究所「第15回出生動向基本調査」
http://www.ipss.go.jp/ps-doukou/j/doukou15/NFS15_report4.pdf）

いる[2]。家族の支え合いといっても、夫婦に複数の子供がいて、１人は同居しており、親族や地域がそれを取り巻いて重層的にシニアを支える、というかつての日本社会の姿はない。若年人口の減少や個人を取り巻く支援の輪の希薄化によって、小さく・弱くなった「家族」に対する負荷が増しているのが現状だ。

３章では、身体拡張機能群、ＡＩ機能群、通信・コミュニケーション機能群によって構成される生活空間で、シニアが活力をもって生活する姿を描いた。それによって、家族との関係はどのように変わるだろうか。

シニアは、身体機能や認知機能の衰えを技術で補いながら自立した生活を続ける。例えば、シニアの視力や判断を補う自動車によって安全に運転を続けることができれば、家族が送迎する負担は減る。ロボットの援助を受けて、妻を亡くした男性が自分で健康な食事を作ったり掃除洗濯を問題なくこなせれば、無理に子世代の住む土地に呼び寄せなくても生活が維持できる。まずは、シニアが自立している時間が長くなることが家族にとって何よりの負担軽減である。

家族は、センサーを通じて、適度な距離でシニアの生活を見守り、必要な時に手を差し伸べられるようになる。AI技術によって、日常生活の身体の動きやおしゃべりの様子から、異変の察知や診断ができるようになるかもしれない。日常生活のデータを根拠に医師の診察を受けられるようになれば、家族が様々な検査に付き添う負担も軽減できる。

②　意思決定を支えるデジタルコミュニケーション

シニア側からも、コミュニケーション技術を使って、家族とのつながりを維持・更新する動きが出てくる。特に男性は、現段階では女性に比べてつながりを維持・更新することが上手くない傾向があるのは

１章で述べた。SNS等のコミュニケーション技術を用いれば自分にとって快適な距離と快適なモードで人とつながれる。例えば、行った場所の写真を日々共有するだけでも「自分はこういう生活をしている」と家族に伝えることができる。家族も「いいね」を押す、スタンプを送る、のような、簡単なメッセージによって「つながっていること」をシニアに知らせられる。そのような薄い接点を維持しておけば、何かあった時に「そういえば」と相談したり、支援を求めることができる。家族も普段の生活を知ったうえで支援の準備ができる。

厚生労働省が推進する「人生会議」は、元気なうちに家族間で終末期医療に関する考えかたを共有しよう、という取り組みだ。そういった重い話も、普段のさりげないコミュニケーションの接点があると取り組みやすい。SNSや遠隔会議システムで話し合いの機会や情報を共有することも可能だ。日頃から情報共有をしておけば、例えば、延命治療を行うかどうかで家族の意見が割れて望まない治療を続けることになったり、家族関係が悪くなったりするのを避けることができる。

シニアから、家族にどのような手伝いを期待するかを普段から伝えておけば、家族の側もできないことがおのずとわかってくる。「いざとなったら頼ろう」と漠然と当てにしていたことが難しい場合もある。例えば、入院中は娘に飼い犬の散歩を頼もうと思っていたが、娘も自宅で犬を飼っていて散歩の時間を増やせない、自分が死んだら家は息子に相続させて管理を任せようと思っていたが、相続するつもりも管理するつもりもなさそうだ、といった状況だ。

そうしたことが事前に分かれば、友人や知人に頼もう、民間や公共のサービスを使わなければ、といった検討に進める。誰に何を頼みたいのか、誰に頼んであるのか、といったことをデジタル・エンディングノートのような形で共有しておけば、家族もすべきことがわかり準備ができる。医療機関や介護施設を利用する場合にも、本人の意向がデジタルデータで共有されていれば、家族が頻繁に説明に出向いたり、情報を提供する負担が減る上、伝達する情報が正確になる。そうなれば医療機関と家族の間のコミュニケーションは、「家族としてどうしてあげたいか」という意思を問うようになり、「家族」でしかできない本質的な支援を引き出すことができる。

家族の負担が減ってシニアの生活の質が下がらなければ、本人・家族双方が幸福になる。身体拡張機能群・ＡＩ機能群の活用によってできるだけ長く自立した生活を送り、コミュニケーション技術の活用によって日常的な家族との関係を定義しなおし、明確な意思伝達をしておけば、「いざという時に負担をかける・かけられるかもしれない」、という不安を互いに持ったまま時が過ぎる、という状況が解消される。その結果、本人と家族の間の緊張関係が緩和され、本来の家族の情緒的なつながりが復活して支え合うことになる。

若年人口と高齢人口のバランスが崩れる中で最も重要なのは、こう

図表４－２　家族の変化

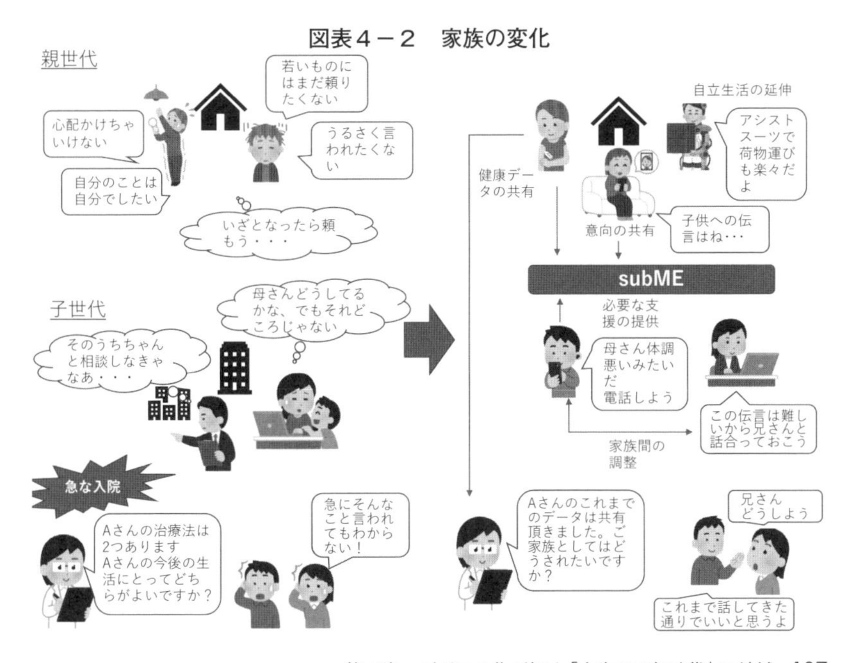

した意思の伝達と備えのプロセスであり、subMEはそのためのコミュニケーションや情報共有をサポートするデジタルツイン技術である。

(2) 医療・介護機関：効率化、サービスの質の向上

① コミュニケーションの重要性と負担

かつては、同じ医療機関・同じ病棟に様々な患者が混在していたが、今では急性期→回復期→長期療養・(在宅医療) というように機能分化されている（図表４－３)。急性期の病床では診療報酬上、一定の重症度を満たす患者の割合、患者の平均在院日数、在宅復帰率の基準が定められている。医療機関は、一定の時間内で治療を行いつつ、患者がスムーズに退院できるよう、退院後の医療・介護サービスにつなぐ、家の環境を整える、退院先の医療機関や施設を見つける、

図表４－３　医療機関の機能分化

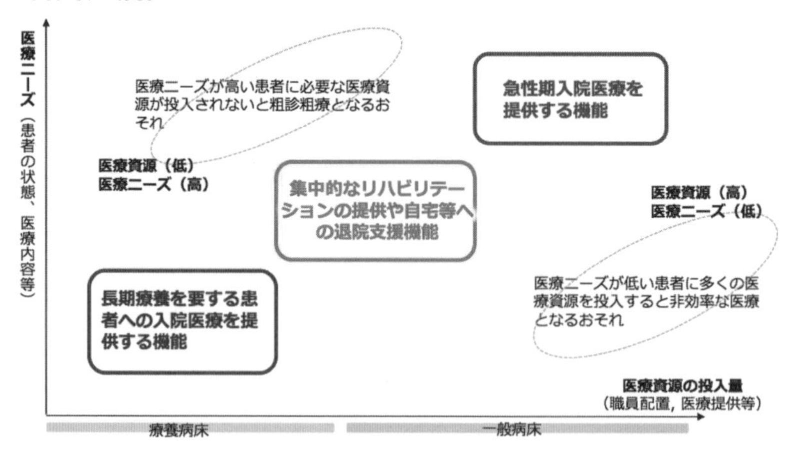

（出所：平成30年度診療報酬改定の概要　https://www.mhlw.go.jp/file/05-Shingikai-10801000-Iseikyoku-Soumuka/0000207112.pdf）

などの調整も行う。所定の期間で退院できない患者が増えると診療報酬が下がり、新たな患者への医療サービスが提供できず地域の医療機関としての役割を果たせなくなるような仕組みになっている（患者ができるだけ早く回復して、日常生活に戻れることを目指すためにこのような仕組みが作られているのはいうまでもない）。

筆者らが行った研究[3]では、入退院の場面で、患者自身の治療や退院に関する意向が明確でない、日によって変わる、あるいは意向が明確だが現実に合わない、などで治療や支援の方向性を決められない事例が多数あることが明らかになった。本人と医療機関のコミュニケーションを補う身近な家族が減少する中、時間の制約はますます厳しくなっており、医療機関は疲弊している。

介護施設には、一部を除いてそのような時間的なプレッシャーはないが、認知機能や身体機能が低下した状態にある本人の生活全般のケアにあたっている。そこでは、生活の質を上げる・維持するために、個人個人が何を重視しているかを理解してケアにあたることが求められる。身体介護だけでなくコミュニケーションにも十分な時間を割くことはいずれの介護施設でも目指されているが、実際のところ人員的にも業務量的にも余裕があるとは言い難い状況である。特に認知症の人の場合は、ケアにあたる人と本人との意思疎通がうまくいかずにケアを拒否されたり、体調の悪さの察知が難しかったりすることが、職員の疲労感を増している[4]。

医療機関や介護施設は、シニア本人との円滑なコミュニケーション、あるいは言語によるコミュニケーションが難しくても、本人の意向や状態を理解するための努力をする。医療も介護も生活の質の維持向上がアウトカムであるため、生活の質を左右する「この人にとって何が大事なのか」という情報が何としても必要だからである。

② シニアの価値観を見出すデジタルコミュニケーション

身体拡張機能群、AI機能群、通信・コミュニケーション機能群は、こうした医療機関や介護施設と本人の関係を変える。

医療機関でシニアに手術の説明をする場面を例としよう。患者には画像や血液などの検査データに基づいて、診断名や重症度が告げられる。医師は、手術をすればある程度後遺症のリスクがあるが、状態が改善する可能性も高い、薬物治療は副作用があり状態の改善は手術に及ばないが、元通り穏やかに生活できる可能性が高い、といった情報を患者に提供し、患者はどちらの治療を選ぶか選択する。専門性が高い情報が多く、また長期的な視野で考える必要もあり、情報処理としてはかなり難しい部類に入る(高齢で体調が悪ければなおさらである)。医療機関が忙しいことを患者はわかっているので質問もしにくい。

ここで、例えば、自宅からVR技術を用いて説明を聞けるだけでも、患者側は慣れた環境の下で余裕をもって考えることができる。家族や知人や、同じ病気を経験した人が一緒に考えてくれれば一層心強い。さらに、AIによってその人に合った治療法を精度の高い根拠をもって決定できれば、医療の不確実性が減り、医療機関側の説明も容易になる。

介護施設で認知症の人のケアを行う場合はどうだろう。subMEによって、認知症になる前のその人の様子や考え方が文字情報や音声情報や動画で蓄積されており、ケアにあたる人が参照できれば、ケアの方針を決めたり安心して暮らすための環境を整える時の重要な手掛かりになる。認知症では過去の記憶は比較的保存されるので、過去に関する情報は特に有用だ。例えば、一人で過ごすのが好きで、ファッションに関心が高く、絵や音楽や美食を愛してきた人と、質実剛健を旨とし、若いころから家族のために粉骨砕身し、弟を大学院まで行かせたことを誇りにしている人とでは、認知症になってからも心に響く会話が全く異なるだろうし、その人らしく過ごすための環境の整え方も異なるだろう。これからは母国語の違う人がケアを提供する場合を想定することも重要だ。過去に関する情報が蓄積されていれば、音声情報や文字情報を翻訳し、動画を見るなどして、ケアをする相手のことを理解できる。また、ケアにあたる人が話しかける時も、シニアの側が翻訳機能付きの補聴器をしていれば言語の壁を超えてコミュニケーションできる。DFree[5]は超音波によって排泄を予測するデバイスで、すでに介護施設等に導入され始めている。こうした技術を使えば、認知症のために体調不良をうまく訴えられない人についても、看護する側が的確に体調を把握しケアにつなげることができるようになる。

医療・介護現場での円滑なコミュニケーションは簡単ではない。シニアの心身の機能が低下しているだけではなく、医療機関や介護施設の側にも十分な余裕がないし、個人としてのスキルにもばらつきがあ

図表４－４　医療・介護の変化

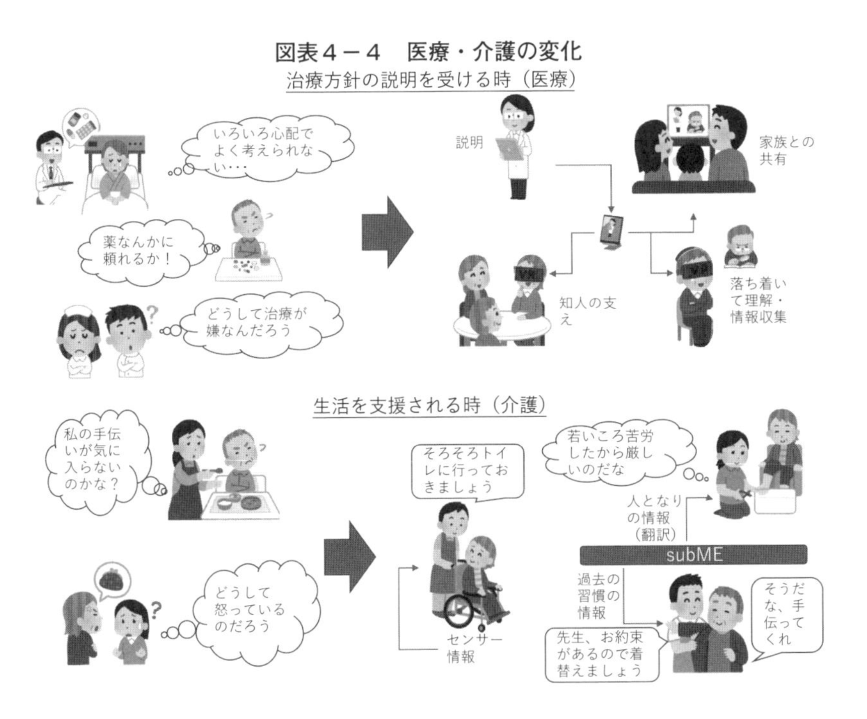

るからだ。センサー技術やコミュニケーション技術によって、シニアからの情報の引き出しや意思疎通が容易になれば、医療機関・介護施設の負担が軽減するだけでなく、患者やシニアの価値観に沿った質の高いサービスの提供を行うことができる。

(3) 公共団体：財政負担の軽減、住民向けサービスの質の向上、職員の負担の軽減、地域活性化への参加者の拡大、成長制約の解消

① 負担と期待が高まる行政

基礎自治体は、少子高齢化と人口減少による地域社会の変化や課題を最もリアリティをもって感じている主体だろう。2013年の地方制度調査会（総務省）の資料「基礎自治体のあり方に関する論点と主な議論[6]」では、少子高齢化と人口減少によって最低限の行政サービスも難しくなる自治体があること、それでも「人々は国土に点在して居住し続ける」ことを前提として基礎自治体のあり方を考えねばならない、という論点が示されている。人口規模の減少と人口密度の低下によって行政サービス提供のコストは確実に上がる。さらに高齢化により、医療・介護はもとより、移動や買い物などを含む日常生活機能の維持が難しい人が増加し、行政サービス需要が高まる、という負の循環が生まれる。

高齢者の日常生活機能の維持が難しいことは、極端な例ではゴミ屋敷や無縁仏といった形で現れる。報道によれば、死後の遺体の引き取りや火葬埋葬を行う人がおらず自治体が費用を負担して手配することが増えている[7]。身元が分からない人（行旅人）を想定して、自治体が火葬埋葬を行える法律がある[8]のだが、近年は住民登録があり資産もある人が対象となっている。また、相続放棄された住宅等が放置されて管理ができず周囲の住民が困る場合、シニアが飼っていた多数の

ペットが遺されて扱いに困る場合なども、自治体が対応せざるを得ない。生前のシニア個人のニーズに対応するだけでなく、死後の周辺地域住民のニーズにも対応しなければならないのが自治体である。

地域や親族や家族の支援が得られない人が増える中、個人の生活や地域を支える最後の砦として自治体の負担が増えているのである。しかし、地域で誰が何に困っているのか、困りそうなのかを、自治体の職員があらかじめ察知することは難しい。民生委員などから地域住民の情報を得ているものの、地域で福祉的な役割を担う人材も高齢化しつつあり、新たななり手が確保できないのが現状だ。生活に密着した支援の担い手をどのように確保し、住民主体の活動をどのように推進するか、住民の「やる気」をどう育て・支えるかは基礎自治体の切実な課題となっている。国は「関係人口」[9]という考え方で、地域外の人材にも積極的に地域づくりの担い手として取り込もうとしているが、現段階では概念的なレベルに留っており具体的な方策が確立しているとは言い難い。

② ITで進化する行政サービスと地域

人口が減り、住民が疎らな状況でも、身体拡張機能群やコミュニケーション機能群の技術を使えば、物理的な制約を受けずに住民サービスを行えるようになっている。2013年に復興庁の「新しい東北」の先導モデルとして採択された岩手県の「ICTを活用した生活支援型コミュニティづくり」のように、人口減少と高齢化の課題を情報技術を用いて乗り越えようという発想はすでに存在している。このプロジェクトでは、シニアがサービスの提供を待つのではなく、多様なデバイス（電話、センサー、タブレットアプリ）を利用して能動的にアクセスし、全県で利用できるポータルサイトに接続してサービス提供者とのマッチングを図る、という構想がコアになっている[10]。情報端末を介して家の中に入り込める上、住民主体で情報発信できるため、従来よりも正確かつリアルタイムに住民の様子を把握できる。行政が生活の外側から監視するのと比べ、自然な形で住民が行政サービスのネットワークに自発的に参加するきっかけを得ることができる。このような、行政と市民の連携による新たな技術を活用した地域・社会の課題解決の取り組みはシビックテック（Civic Tech：Civic Technology）として近年注目されている[11]。

シニアは身体拡張機能群、AI機能群、通信・コミュニケーション機能群を備えた生活空間で活発な活動を続ける。第３章の事例で挙げたように、VR技術を利用した遠隔会議などにより、地域団体や自治会の活動に参加し続ける。また、地域版SNSを介した互助的な活動が増えれば、行政サービスだけではカバーできないシニアの身近な課題、例えば、自宅の中を整理する、などを地域の支援で解決できる可能性が出てくる。買い物や移動の課題については、地区内でAIを用いた乗り合い自動運転サービスが展開されれば多くが解決するはずだ。シニアを含む地域住民がアクティブで相互に関係を持てる状態であれば、地域の課題を住民自ら解決しようとする動機が生まれやすくなる。それが自治会やNPO団体など互助的な活動を維持、発展していくことにつながる。

第２章では、物理的に近接していることで住民が一体感を持ち、地域課題の迅速な解決を行っているいくつかの団地の取り組みを紹介した。サイバー空間でのつながりができれば、少し離れていても、同じような近接性を感じて互助的な活動を促せる可能性がある。もう少し想像を広げると、サイバー空間で最初にコミュニティができて住民同士の信頼関係が醸成されれば、リアル空間で互助を行いやすい場所に居住場所を変える人が出てくるかもしれない。住民がサービスの受け手として固定され、提供側の都合に合わせて集住させられることと、住民同士がサービスを提供し合ったり、関係を維持するために自ら集住することとは、外見的には同じ現象でもその地域の中にあるやりとりの多彩さや濃密さが全く異なるだろう。

住民主体の互助的な活動が増えれば行政の負担とサービスのコストが下がる。また、リアルタイムに情報が入るため、必要な相手には迅速にサービスを提供できるようにもなる。先に挙げたゴミ屋敷や無縁仏のように、解決が難しい状態になってから行政が乗り出すのではなく、シニア本人や地域の互助の力を活かして、事前に問題を緩和・解決し、行政はその後押しをする、という枠組みに変わっていく。

「関係人口」については、地域外の人材を集めるという取り組みの性質上、元々SNS等のコミュニケーションチャネルを用いた多くの情報が取り交わされている。身体拡張機能群、AI機能群、通信・コミュニケーション機能群によって支えられる生活空間が増えれば、働く場所や住む場所を自由に選べるようになり、関係人口を増やすチャンスも広がる。

図表４－５　公共団体と地域の変化

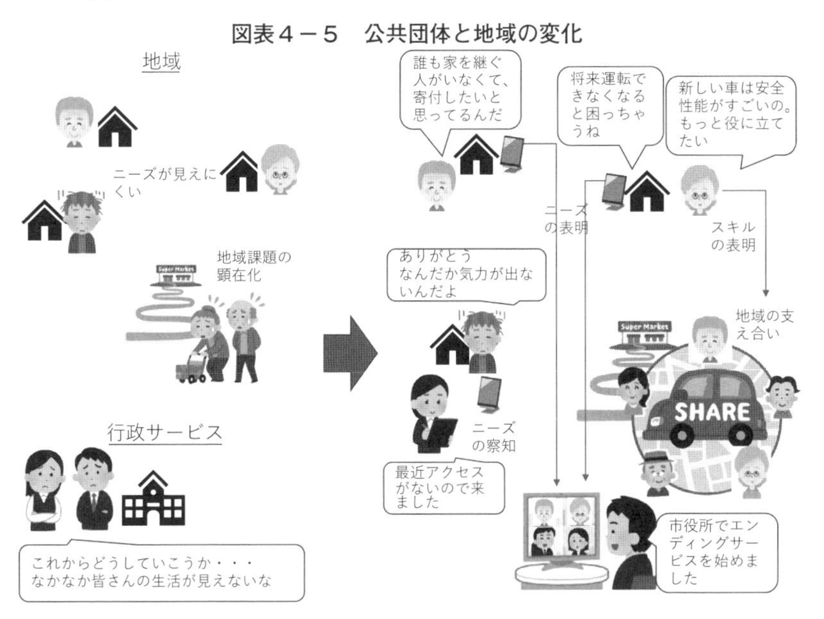

サイバー空間での人間関係やサービス提供が増えるということは、自治体の枠を超えたコミュニケーションが増えることを意味している。そういった住民の行動変容に行政がどう追いつくのか、あるいは民間サービスとどのように棲み分けるのかはまだわからない。いえるのは、デジタル技術が住民生活に広がることで、従来型の行政サービスが迎える限界を超え、効率的で効果的なサービスと新たな自助、互助が生まれ得るということだ。

(4) 地域企業：新たなシニアマーケットの獲得、シニア向けサービスの拡大、労働力の拡大

① 地域企業への期待

少子高齢化が地域（自治体）の最大の課題であることはすでに述べた。自治体だけで地域の様々な問題に対応できる状態ではなくなっている、という認識が高まっている。そこで、観光客の誘致、商店街の活性化、地域ブランドの発掘・育成、新たなサービスの創出などを通じて、地域内の企業、団体をシニア施策にどのように活かすか、という考え方にシフトする[12]自治体が増えている。

2019年に経済産業省が発表した資料[13]では、公共だけでなく地域内のプレイヤーが関与すれば、複数の地域の課題解決ができるという考え方が示されている。2020年度には「地域・企業共生型ビジネス導入・創業促進事業」が開始され、「中小企業等（大企業との連携を含む）が、複数の地域（５市町村以上の隣接地域または点在地域）に共通する地域・社会課題について、技術やビジネスの視点を取り入れながら、複数地域で一体的に解決しようとする事業（実証プロジェクト）」が補助の対象となる見込みだ[14]。

このように地域企業は、自治体に代わって人口減少・少子高齢化の課題解決の担い手となることが期待されている。生き残りのための新

たな事業領域を模索している地域企業にとっても、こうした期待を歓迎する面もある。一方で、中小企業を中心に人材不足に悩む地域企業も増えている。その一つの要因は従業員の高齢化だ。また、中核人材の高齢化によって技能の伝承が行えなくなっていることも、大きな不安材料だ。若い人の採用が難しい中で、女性やシニアに柔軟な勤務をしてもらうことで凌ごうとする企業もあるが、現状の働き方の延長では企業としてのパフォーマンスの低下は避けられない。

② デジタル技術が掘り起こすシニアの就労意欲と潜在力

日本では働く意欲を持つシニアが少なくない。ただし、シニアが就業先を選ぶ際には、若者以上に条件を重視する傾向がある。例えば、仕事内容ややりがいを妥協できない条件として挙げるシニアが多い。シニアの就労を増やすには、こうした意向と企業の雇用ニーズをどのようにマッチングするかがカギとなる。デジタル技術はそのためのソリューションの一つとなる。

例えば、シニアが重視する就業条件として、作業負担の軽減や安全確保がある[15]。身体拡張機能群、AI機能群、通信・コミュニケーション機能群は様々シチュエーションでシニアの就労ニーズに応えてくれる。アシストスーツを装着すれば、力作業や立ち仕事などの負担は大幅に減る。視覚・聴覚を補う機器を使えば、工場や現場での作業のリスクが減る。作業車などの運転では自動車側の自動運転技術と合わせて、運転の負担と事故のリスクが減る。これからはオフィスワークをこなすシニアも増える。視力が低下したシニアにとって長時間のパソコン作業は負担が大きいが、シニアが身に着けるデジタルデバイスとパソコン側の表示・表現機能、インプット機能の改善が合わされば、負担は大きく低下する。また、パソコンやスマホ上のアプリケーションはますますユーザーフレンドリーになっている上、社内外のオペレーションセンターによるサポートも充実するから、シニアでも新しいアプリケーションへの対応が楽になる。

シニアの就労のもう一つの壁は、やりたい仕事、やりがいのある仕事、できる仕事と企業側のニーズのマッチングだ。これもコミュニケーション機能群の技術で本人の有するスキルや就業条件と企業側のニーズとの出会いがますます容易になっている。そこに上手くサポートを組み合わせれば、ハローワークに出向いたり、職業紹介サービスを利用したり、シルバー人材センターに登録するほどでもないが、「働けたらいいな」、と思っているシニアの就労を促すことができる。

身体拡張機能群の技術によって自身の能力に自信を持ち、コミュニケーション技術によって望む仕事に簡単に出会えるようになれば、気軽に働こうと思うシニアは増える。特殊な技能がなくても、実際に、季節労働（特定の野菜の収穫と加工）や朝の仕事など、時間の自由度が高く早起きが苦にならないというシニアのリソースを活かして人材不足を解消している企業もある。現役時代の仕事や技能に囚われず、「自分では気づかなかった価値や強み・リソース」を発見できるようになるのはシニアにとって価値のあることだ。

地域の企業にとってシニアは大事な顧客でもある。地域の人口が減る中、ニーズに合った商品・サービスを地域住民にいかに長く提供するかは、地域企業が安定した経営基盤を作るために重要な課題である。デジタル技術によってシニアが元気でいられる期間が長くなり、新たな交流が生まれれば、当然「新しく必要なもの」「新しくほしいもの」も増える。そうした新しいニーズを捉えるために、シニアの生活のデジタル化の施策の中で、例えば、コミュニケーションロボットやsubMEをシニアの自宅に設置し、見守りや生活サポートのサービスを提供しながら、シニアと対話することを通じて、シニアの中で何が流行っているのか、何が求められているのかを把握することができる。上述した企業の地域活動への参加のニーズを背景に、こうした活動に参加できることが、これからの地域企業の強みになる。

subMEはシニアが不安に思っていることを蓄積できるから、個々の地域企業においてもsubMEを通じてシニア側の考えを聞き、商品やサービスを利用するようになるまでの過程を蓄積することができる。その上で、心配事（資産運用、相続や葬儀、生活支援など）の解決をサポートすれば、シニア側、企業側双方が安心して商品・サービスを利用、提供できる。ヴァーチャルな接点とリアルな接点をうまく組み合わせ、シニアのニーズをリアルタイムで捉え、顔の見える信頼感のある関係を維持していけることが、地域の一員としてシニアに密着したサービスを提供できる地域企業の強みになるのである。シニアが就労によって収入を得て、地域企業とシニアがこうした信頼関係を築ければ、地域に新しい経済循環が生まれる。それは地域の魅力、活力、持続性の基盤にもなっていく。

図表４－６　地域企業の変化

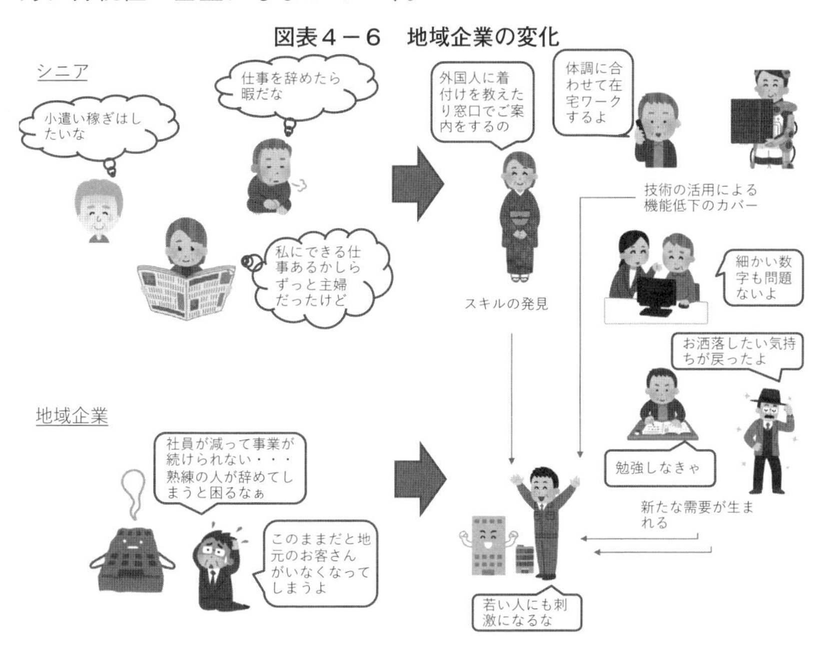

2 シニアのデジタル生活を支える地域のプレーヤー

（1）デジタル生活のワンストップ窓口となるsubME

ここまで述べたシニアのデジタル生活を実現するには、それをどのようにサポートしていくかが重要になる。その際に、まず重要になるのは、シニアにとってワンストップの窓口ができることである。この問題はAさんに、あちらの問題はBというアプリケーションに、などテーマによってアプローチする先が変わるようでは、シニアがデジタル技術に振り回されることにもなる。

前章で、subMEは日常的にシニアのコミュニケーションの窓口になり、コミュニケーションを通じて様々なデータを取得する存在になると述べた。その上で、subMEがシニアのデジタルツインとなるには、常にシニアに寄り添い、デジタル、リアルに関わらず、あらゆるサービス、アプリケーション、デバイスの窓口とならなくてはならない。一方で、リアルのサービスについては、シニアの日常を取り囲む地域の機関の関わりが欠かせない。これがシニアのデジタル化における体制作りの大前提である。そうしたイメージを持って、シニアのデジタル生活を支える登場人物を整理してみよう。

（なお、以下で示す登場人物は英語にした場合末尾にerが付く表記となっているため、個人を連想させるが、原則として以下に示す機能を有する組織を意味している。人口の少ない地域では当該組織の機能を個人が代替する場合もある。）

(2) プレーヤーⅠ：subMEのシステムオペレータ

① 共通基盤と自由なアプリケーション

デジタル生活の窓口となるsubMEをどのように普及していくかを考えるにあたっては、システムとしてのsubMEの供給体制の検討が必要だ。前章で述べた通り、subMEはシニアとのコミュニケーション、第三者とのコミュニケーション、外部サービスとのマッチング、データベース、データ分析の機能から構成される。システム構造から見ると、この内、データベースとデータ分析はsubMEの頭脳となる部分であり、多くのシニアが共通して使うことで機能が高まっていく。その分、共通部分となるシステムに対する投資も多くなる。

シニア自身とsubMEの関係については、どのようにコミュニケーションを行うかがシニアの生活サポート機能としての有効性を左右する。また、subMEがデジタルツインとして機能するには、コミュニケーションからどのようなデータが得られるかが重要になる。まずは、こうしたコミュニケーションとデジタルツインの相乗効果で機能を高め合うための共通基盤が必要だ。その上で、個人が自由にsubMEとのコミュニケーションを設計できる余地を持ったシステム構成を目指す。

一方、シニアと第三者とのコミュニケーションは、個人の指向によって様々なアプリケーションを選べるようにする。シニアにサービスを提供する事業者から見ても、現場のニーズに応じられる自由度があった方がいい。ただし、どんなコミュニケーションをするにしても、シニアの個人情報に関わるので、適切なルールに則って運用されるような基盤がないといけない。そのために、サービス用のアプリケーションを接続する際に、フィルターをかけるような共通の機能を設ける。

② subMEのシステムを支える二人のプレーヤー

こう考えると、システムとしてのsubMEは二種類の事業者によって支えられることになる。

一つは、システムとしてのsubMEの基幹部分と標準パッケージ（両方を合わせて以下subMEシステムとする）を構築、提供する事業者、subMEシステムオペレータである。ここで、基幹部分とは、データベース、データ分析、シニアサポートの理論に基づいた基盤的なコミュニケーションのためのシステム、第三者とのコミュニケーションのセキュリティを管理するシステム、シニアに適したマッチングを管理するシステム、などである。これ以外に、推奨のアプリケーションとして、基幹部分に接続できる、病院などの機関とのマッチング、追加的なデータの分析メニュー、など汎用性の高いアプリケーションを用意する。

一ないしは少数の事業者がsubMEシステムオペレータとなり、次に述べるsubMEのサービス事業者にsubMEシステムと推奨アプリケーションをライセンスする。ライセンスを受けたサービス事業者は、ライセンスの条件にしたがって、自らが実施するサービスに合わせてsubMEシステムをカスタマイズする。ライセンサーであるsubMEシステムオペレータは、シニアのニーズや技術の進歩に応じたsubMEシステムのアップデート、サービス事業者のシステム利用のサポートを行う。

したがって、システムとしてのsubMEを支えるもう一人のプレーヤーは、上述したsubMEのサービス事業者となる。サービス事業者が現場のニーズに合わせて基本システムをカスタマイズする場合、サービス事業者自身がシステム開発の素養を有している場合は自らカスタマイズを行い、素養がない場合はsubMEシステムオペレータを含む第三者にカスタマイズを依頼する。したがって、subMEのサー

図表４－７　subMEのシステムオペレータ

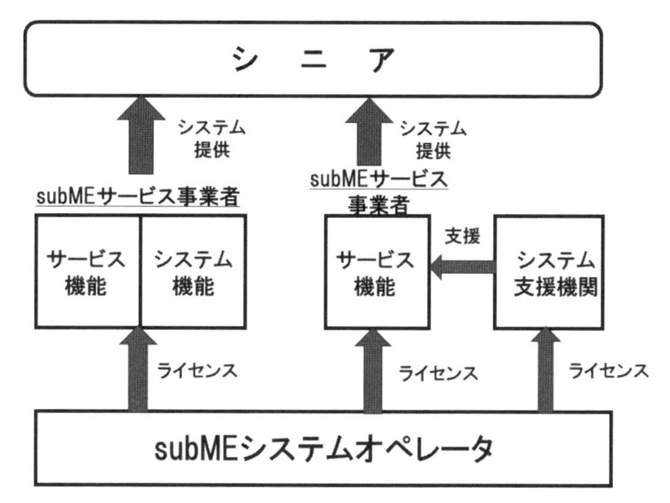

ビス事業者に求められる最も重要な素養は、サービスのニーズに合わせてカスタマイズの要件を抽出すること、及びカスタマイズされた基本システムパッケージを使ってシニアに対して良質なサービスを提供することである。subMEシステムオペレータと連携してシニア向けに充実したサービスを提供するためには、サービス事業者がシニア向けのサービスに注力できるように、subMEシステムオペレータとの役割分担を明確にする。

(3)　プレーヤーⅡ：デジタル生活サポーター

①　デジタル生活がノーマルになる時代

シニアはsubMEだけでなく、様々なデジタルデバイスを利用して生活するようになる。身体機能の低下を支えるパワースーツ、視覚や聴覚用の補助機器、あるいは身体の状況を把握するためのウェアラブルセンサー、といった本書で述べたデバイスの他に、高機能家電、冷暖房・給湯設備、スマートフォン、自宅のセキュリティシステムなども、これからはシニアの生活を支える重要なデジタルデバイスの一部となる。今後自動運転技術の開発が進めば、安全機能が充実したコンパクトなEVを利用するシニアが増えるかもしれない。このように、近い将来、シニアの生活は多かれ少なかれデジタル化される。若い人でもデジタル機器・設備を使いこなすのは大変なことだから、いかにシニアが使いやすい環境を提供できるかが問われる。

誰しも、過剰な仕様の機器を購入したり、自分に合わないデジタルデバイスや高機能家電を選択してしまった経験があるはずだ。全ての商品の情報を把握して、自分に最も合ったデジタル環境を無駄なく整えられる人は滅多にいないだろう。シニアの生活をデジタル化する際には、まず、自分に合ったデジタル生活のためのシステムをどのように構成し、効率的に調達するかが問題になる。シニア層にデジタルデバイスが本格的に普及するのはこれからだから、第三者がシニアに現時点でのニーズをヒアリングしても、シニアが何を望み、その人にとって何がベストなシステムかは分からない。また、技術が進歩し、シニア市場が広がれば新製品も出てくるだろう。その上、シニアもデジタルデバイスを習得すれば学習効果によって高度なシステムを使いたくなるから、どの時点の状況に合わせることがベストかを見定めることも難しい。

② デジタル生活サポートの最前線

こうした状況を考えると、シニアの生活のデジタル化を進めるために、まず必要となるのは、次のような役割を担う、シニアのデジタル生活作りを継続的にサポートする「デジタル生活サポーター」である。

＊デジタル生活のための相談

＊デジタル生活作りのためのアドバイス

＊デジタルデバイスの紹介

＊デジタル生活のための調達支援

＊デジタルデバイス、システムの利用・更新等の支援

＊シニアがデジタルデバイスに関する情報を得るための環境の整備

＊シニアのデジタル知識の向上のための研修、普及活動

＊デジタルデバイスの提供者等へのシニアのニーズ情報の提供

上述のうち、前段の５つが個々のシニアがデジタル生活を行うためのサポートであり、後段の３つがシニアのデジタル生活を広めるための環境整備といえる。最後の項は、色々な事業者がシニア向けのデジタルデバイスを供給する時代に向けた、シニアとメーカー等の橋渡しのような役割である。

こうした役割を担うためには、シニアとのコミュニケーションができ、デジタル技術に関する知見があり、生活アドバイスもできる、といった複数の専門性が必要となる。それに加えて重要なのは中立性だ。シニアに色々なデジタルデバイスを紹介して、シニアの選択、調達を支援するためには、デジタルデバイスを提供するベンダーに対して中立的な立場が求められる。また、シニアのニーズを踏まえて、メーカー等のシニア向けデジタルデバイスの開発に資する情報を提供する際には、中立性に加えてシニア側の情報を守ることも必須の条件となる。

複数の専門性と社会的な立場が求められる「デジタル生活サポーター」の役回りを誰が担うかは、後段で述べることとする。

(4)　プレーヤーⅢ：デジタルデバイス・サプライヤー

○　デジタルデバイスのサブスクリプション・サービサー

「デジタル生活サポーター」によってシニアがデジタルデバイスに関する知識を吸収し、購入に意欲を持ったところで必要になるのが、デジタルデバイスをシニアのニーズに合った形で提供する「デジタルデバイス・サプライヤー」である。シニアがデジタルデバイスを自由

に使えるようになるためには、次のような条件を満たしてくれる事業者がいるといい。

＊使用上の疑問や故障などのニーズに、シニアでも分かりやすいように対応してくれる。

＊シニアの経済状況に見合った支払い条件でデバイスを提供してくれる。

＊デジタル生活サポーターに対して適切に商品、サービスの情報を提供してくれる。

＊「お試し期間」などデジタル化への参入ステップのプランがある。

これらの条件を満たすのは、いわゆる、シニア向きのサポートとお試し期間付きのサブスクリプションサービスを提供する事業者である。サブスクリプションは、デジタルデバイスの利用に関する利用者のニーズに丸ごと応えるサービス、という意味で、デジタル技術に不慣れなシニアに向いているサービスだ。しかし、単純にモノを買うのと違い契約が複雑であったり、条件が付与されていることが多い。また、安易に契約すると、中期にわたる支払いの責務を負う、という経済的なリスクが生じる可能性もある。デジタルデバイス・サプライヤーには、こうした条件やリスクを分かり易く説明することが求められる。その上で、「デジタル生活サポーター」がアドバイスをしてくれれば、シニアの安心感が高まるはずだ。

デジタル機器の利用上の疑問や故障への対応について、近年のメーカーの電話でのサポートのレベルはかなり高い。機器の状況を見ながらリアルタイムでアドバイスしてくれるのが当たり前になっているし、スマートフォンでは画面を共有してサポートしてくれるサービスもある。こうしたサービスがあれば、シニアでも安心してデジタルデバイスを使うことができる。一方で、親切なサポートに辿り着くまでのホームページ上での案内、電話でオペレータに繋がるまでの面倒さは、せっかくの親切なサポートの評判を下げてしまうくらいわずわらしいのが現状だ。電話のサポートはシニアでも十分に有効に機能すると思うが、多くのシニアがそこに辿り着くまでのわずわらしさで挫折してしまうのではないか。サポートの依頼を受ける側の人手の問題で顧客をセグメントしているためだが、将来的には、音声認識の機能を使って、電話やスマートスピーカーでダイレクトに問い合わせができるようになれば、シニアでも簡単にサポートを受けられるようになる。

(5) プレーヤーⅣ：デジタル・システム・サポーター

○ デジタル化の悩みに丸ごと応える

「デジタル生活サポーター」や「デジタルデバイス・サプライヤー」の役割と重複する部分もあるが、シニアの生活のデジタル化、あるいはそれに伴う家の中の設備、機器のデジタル化を丸ごとサポートしてくれる役割も重要だ。例えば、シニアが様々なデジタルデバイスやソフトウェアを使うようになった場合、個々のデバイスやソフトウェアは「デジタル生活サポーター」や「デジタルデバイス・サプライヤー」のサポートで利用することができるだろうが、これらをパソコンに集約する場合、あるいは高機能家電なども含めて相互に接続する場合には、システムの専門的な知見を持った人のアドバイスが欲しい。また、複数のデバイスやソフトウェアを便利に使いこなすために、簡単なインターフェースを作りや機器の設定をやってくれるといい。

上述したように昨今のデジタルデバイスのメーカー等のオンラインサービスのレベルは高い。ただし、これは特定のデバイス、ソフトウェアを対象にCRM（Customer Relationship Management）のシステムなどを使って、数多くのスタッフで顧客対応ができるように整備された体制により提供されているサービスである。複数のデバイス、ソフトウェアのつなぎ方や統合の仕方をアドバイスしてくれる訳ではない。デジタルデバイス、ソフトウェアが増える中でシニアが欲しいのは、家中のデジタル機器に関する悩みや相談に丸ごと応えてくれる人である。しかも、シニアにとって親しみやすい存在でなくてはならない。大型の電気店に時々いる、何でも応えてくれるマニアックで親切なお兄さんのような存在が地域で見つかるといい。

この役を「デジタル生活サポーター」に求めるという考え方もあるが、「デジタル生活サポーター」に求められる第一の素養はシニアとの対話や相談の能力である。それとマニアックなシステムの知識を同時に求めるのは、少しイメージしただけでも難しいのが分かる。デジタルデバイスやソフトウェアの話ばかりしていて、シニアのデジタル生活を支援できる訳ではない。「デジタル生活サポーター」に求められるのは、シニアの生活に関わる様々な話題に応じる中で、生活をより便利で楽しく、安心できるものにするために、デジタル化の専門的な知見を持っている機関との橋渡しの役割である。その先に、デジタルデバイスやソフトウェアについて、どんなことでも応えてくれるマニアックで親切なお兄さんがいたら心強いはずだ。

(6) シニア向けサービサー

○ ペーパー to デジタルの翻訳機能

subMEをインターフェースとしてコミュニケーション、デバイスやサービスを利用したとしても、従来からのシニア向けサービスを提供する事業者との関係が切れる訳ではない。行政、介護事業者、医療機関はこれまで通り、シニアに対して専門的な立場から関りを持つ。subMEの目的の一つは、専門的な機関の人達がシニアと関わるのにあたって、シニアの意図を把握し、サービスを適切に組み立て、提供するための負担が少なくなることである。こうしたsubMEの機能を十分に活かすためには、行政をはじめとする機関のサービスがsubMEと情報をやり取りできるようにする必要がある。

subMEにまつわるやりとりは全てデジタルデータで行われる。サブスクリプションでデバイスやシステムを提供する民間事業者とのやり取りもデジタルデータが中心になる。一方で、行政や介護機関の手続きは今でも書面が中心だ。医療機関では電子化が進んでいるが、外部との接続には制限がある。シニア支援に公的な支援が欠かせないことを考えると、シニアの生活のデジタル化を進めるためには、行政のデジタル化を並行して進めないといけないことになる。

日本の行政は規律正しい文書主義で運営されてきた。その影響で支援策や認可などで行政と関わりを持つ機関も文書主義の影響を受けている。それはそれでは世界的に信頼性の高い日本の行政システムを支えてきたが、デジタル化を進める場合の壁となることはシニア以外の分野でも指摘されてきた。コロナ禍では、そうした日本の行政の弱みが露呈した。

デジタル化が進んだ業務もあるが、手続き一つとっても多くの文書が残っている。システムが整備されている場合でも、subMEのような新しいシステムが登場した時に、すぐに接続できるような柔軟性は持っていない。これからも民間の分野では数多くの新しいデジタルサービスが次々と生まれる。これと速やかに接続するためには、システムだけでなく行政の仕組みそのものを変えていく必要も出てくる。しかし、それには大変な労力、コスト、時間がかかる。官民の間のデジタルギャップはこれまでもなかなか解消されなかった。行政側の完全なデジタル化を待っていてはデジタル化によるシニアの生活やシニア支援の充実、効率化はいつになっても実現しない。同じ問題は、民民の関係にも存在する。

そこで必要になるのが、ペーパー to デジタルのトランスレーション機能だ。ペーパー上の情報を読み取り電送するとsubMEのシステムにデジタルデータが送信される、あるいはsubME上のデジタルデータを送ると所定の書式フォーマットに打ち込まれてPDFが送られてくる、といった仕組みだ。完全なオンライン化を図るのではなく、フォーマットの異なるデジタルデータの移行、文書とデジタルデータの橋渡しを手掛ける専門的な組織を作るのである。デジタル生活づくりに向けた恒久的な対策にはならないが、市場で作られた効率的で効果的なシステムを公共が関与する分野でただちに普及することができる。シニアの生活のデジタル化は、全ての関係機関の間のオンライン化自体が目的ではないから、完全なデジタル化へのロードマップを描いた上で、こうした過渡的な機能を整備することの意味はある。

3 地域のデジタル化の体制づくり

以上述べたようなシニアのデジタル生活を支えるプレーヤーを地域でどのように確保していけばいいだろうか。ここでポイントとなるのは、地域が担う機能を絞り込み、地域の中で調達できない機能を外部から獲得する方策を考えることだ。以下、上述した各々の機能について考えてみよう。

（1）subMEのシステムオペレータ

①　subMEシステムのための外部連携

subMEシステムを作るのには、システムに関する技術的な知識に加えて、シニアとの対話などに関する専門的な知識も必要となる。また、システムを作る側から見ると、使用に耐えるシステムとするためには、実際にシニアに使ってもらって更新を重ねなくてはならない。こうした条件を満たすためには、システムやシニアに関する専門的な機関が立地する、システムと実際のサービスの懸け橋となるシニア向けサービスの機関がある、システム化に向けた適切なアドバイスをもらえる専門家がいる、システムを実証できる場がある、等の条件が揃う必要がある。皆無とは言わないまでも、こうした条件を満たすことができる地域は稀なはずだ。

筆者が所属する株式会社日本総合研究所（以下、日本総研）では、2019年からConnected Seniorと称するコンソーシアム（民間企業を中心とした新事業立ち上げのためのプロジェクト）を運営しsubMEシステムの開発とsubMEシステムオペレータの立ち上げを目指している。地域や民間企業と連携した現場での実証も行う。日本総研がこうした活動ができるのは、社内にシステム人材やシニア問題や事業開発の専門家を抱え、官民双方の分野で幅広いネットワークを有しているからである。

仮に、地域に有力なシステム会社等が存在し、そこを中心に産学官が協力してシニア分野での産業の振興を目指すために、地域を上げてsubMEシステムを開発し、システムオペレータを育てよう、という戦略がないことはない。しかし、subMEのようなシステムは、開発するだけでなく、ニーズに合わせたアップデートやメンテナンスのための体制も必要になる。一般の地域が手掛けるのは荷が重い。そこで、一般の地域にとって、subMEシステムについては、ナショナルワイドな企業や団体が立ち上げるsubMEシステムオペレータといかに連携するかがテーマとなる。

② 地域が力を入れるべきサービス事業者の育成

ある程度のシステムの基盤があることを前提として、地域として力を入れるべきなのは、subMEシステムを外部から調達し、それを使いこなして必要なカスタマイズを施し、地域独自の便利で効果的なサービスを提供する「subMEのサービス事業者」をどのように育てるかだ。その場合、サービス事業者には二つの形態がある。

一つは、実際にシニアに対して商品やサービスを提供している、商業、サービス、金融、住宅、家電、等の企業がsubMEのようなシステムを使いこなし商品、サービスの利便性や効果を高める、という形態だ。実際のサービスを提供する有力な企業がいる地域であれば、こうした形態を取ることが可能だろう。もう一つは、実際にサービスを提供している企業に対して、subMEシステムの利用をサポートする機関を作ることだ。

前者の形態を取るためには、subMEのサービス事業者となる企業の中にデジタル技術を扱える組織がある、あるいは人材がいることが条件となる。商品やサービスの分野ごとにそうした企業が立地していることが必要になるから一般の地域には難しい条件になる。それを期待できない地域では後者の形態を選択することになる。subMEのようなデジタル技術の利用をサポートするというと専門性が高く難しいように思えるが、昨今のシステムはユーザーフレンドリーに作られているし、ラインセンサーであるsubMEシステムオペレータから技術的なサポートも受けられる。したがって、ここで求められるのは、一般向けに作られたシステムの内容を理解して使いこなし、第三者に対して使い方をアドバイスできるくらいの素養といえる。これであれば、多くの地域にとって、ある程度システムの知見がある事業者や個人を中心に、subMEシステムの利用をサポートする機関を立ち上げることが可能になる。

(2) デジタル生活サポーター

① 事業推進の象徴機関

シニアのデジタル生活づくりは、地域の自治体、企業、NPO、個人、大学などによる産学官民の協働事業である。こうした事業では様々な事情を抱えた関係者を束ねる中核的な機能（後述）に加え、実務的にも事業の象徴となる機関を立ち上げることが有効だ。関係者が関心を寄せる象徴的な機関を作ることが事業の求心力を高めるからである。ここまで述べた内容を踏まえると、「デジタル生活サポーター」がそれにあたる。シニアに寄り添って生活のニーズを把握し、デバイス・サプライヤーやシステム・サポーターに要件を伝える機能がシニアの生活とデジタル技術を有機的につなぐ鍵となるからである。そうであれば、「デジタル生活サポーター」の組織をどのように設計する

図表４－８　デジタル生活サポーター

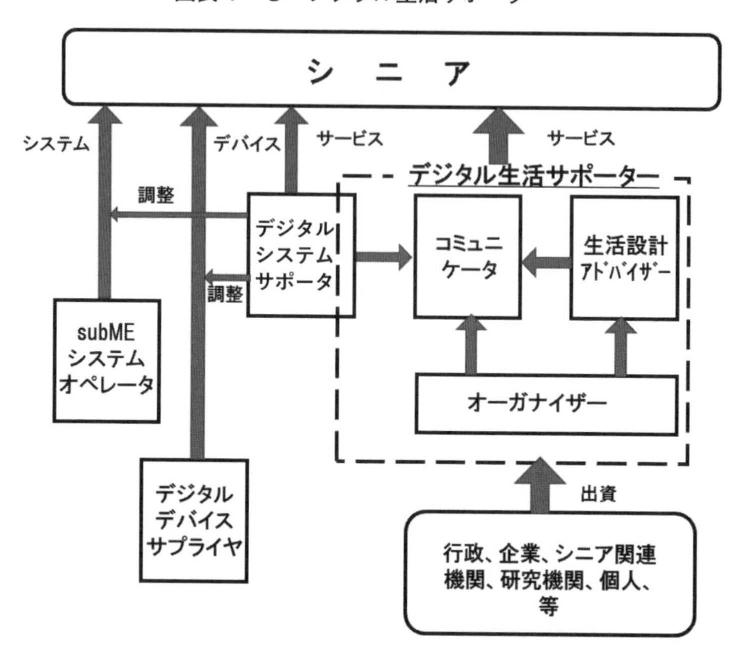

かがシニアのデジタル生活づくりを成功させるための重要な要件となる。

「デジタル生活サポーター」に求められる第一の人材は、シニアとの接点となる「コミュニケーター」である。デジタル生活サポーターが機能することが大前提となるのでシニアとのコミュニケーションの経験がある、あるいはコミュニケーションスキルがある人がコミュニケーターの役を担うことになる。具体的には、シニア向けのサービスでシニアに接したサービスに就いた経験のある人、公共団体のシニア関係のスタッフ、大学でシニア向けの施策等を学んでいる学生、シニア関連のNPOの関係者、コミュニケーションスキルを習得した人材等である。経験も重要だが、新しい事業だから色々な分野から意欲のある人の参加を募った方がいいだろう。そうした人達が一定のデジタルの知識を身につけた上でシニアの前面に立って活動してもらう。

第二の人材は、コミュニケーターのシステム的な検討をサポートする専門的なスタッフである。コミュニケーターを担う人には、システムやデバイスの概略的な知識を身につけた上で、シニアとのコミュニケーションを通じて、「こんなことができますよ」といった話ができることを期待する。しかし、多くはにわか仕込みの知識だから具体的な商品やシステムパッケージとして示すことはできないし、どのくらいのコストがかかるかも分からない。そこで、必要になるのが、システムの専門的なスタッフである。「デジタル生活サポーター」内のシステム担当者が上述した「デジタル・システム・サポーター」と協力して、コミュニケータと共に、シニアのデジタルデバイスやシステムの調達や使い方を支援していくことが考えられる。

第三の人材は、生活設計アドバイザーである。コミュニケータが個々のシニアとのコミュニケーションを通じて把握した生活上の問題点やニーズに対応したアドバイスを行う。生活一般に対するアドバイスは既存の機関でもやっているので、ここではデジタル化に伴う経済面でのアドバイスに焦点を当てる。

② デジタル生活づくりの司令塔

第四の人材は、デジタル生活の方向性やモデルを見定め、コミュニケーターや「デジタル・システム・サポータ」に対する教育や知識の共有を図る組織の中核的な人材である。善意に基づくサポートであっても、地域のシニアに対して、コミュニケーターや「デジタル・システム・サポーター」が統一感のないバラバラのアドバイスをしていては、施策としての効果が薄れる。また、シニア本人ないしは公的な負担によってデジタル化に必要なデバイスやシステムを揃えるのだから、調達の根拠や説明性も必要になる。サブスクリプションを推奨するのであれば、契約に関する知識も重要だし、事業者側にシニアのシニアと接するに当たってのモラルやルールを周知することも欠かせない。

そのためにはデジタル技術のトレンドを理解しつつ、ミッション感覚を持って具体的な業務に落とし込める能力が必要だ。地域の施策としての大きな方向性は後述する後述するセンター機能に任せればいいし、デジタルの知識については、デジタル・システム・サポーターや外部の専門家に依存してもいい。ここで求められるのは「デジタル生活サポーター」という機能のマネジメントやリスク管理の能力である。それを担うのは人材としては、企業や行政で何らかの事業を担う部門のマネージャーの経験がある人が想定される。

以上のような人材を含む「デジタル生活サポーター」を、例えば、LLP（Limited Liability Partnership）やLLC（Limited Liability Company）として官民出資で設立し、地域のしかるべき場所にオフィスを構えれば、地域としてシニアのデジタル生活づくりを進めていることをアピールすることにもなる。LLPやLLCとすることのもう一つの意味は、シニアの生活サポートに一定の収支目標を持たせて活動の規律を高めることだ。それにより、サービスの内容を充実させ、ノウハウを蓄積し、対価に応じた付加価値を提供しようとする意識を植え付けることにつなげる

「デジタル生活サポーター」は低額でもいいので、シニアから毎月あるいは毎回いくばくかの料金をもらうことも考えられる。また、活動を通じて得られたシニアのニーズなどに基づきサプライヤーにアドバイスをして対価を得ることも可能だ。さらに、地域にとって重要な施策であるとの理解を広め、地域の企業等から協賛金をいただくこともできる。公共団体からシニア支援に関する業務を委託してもらうことも考えられる。こうした様々な方面から資金を確保することを検討

し、実行できるようになることが長い目で見て、サービスの内容を充実させ理解者や支援者も増やすことにつながる。

③　デジタルデバイス・サプライヤー

＊　地域で育てるサブスクリプションサービサー

シニアのデジタル生活の中で使われるデジタルデバイスやシステムの多くは大手ベンダーの製品であり、サブスクリプションとして大手ベンダーが提供してくれることが望ましい。しかし、以下の二つのケースを想定すると、シニアの前面に立つサブスクリプションサービサーを独自に育成することも考えられる。

一つは、大手ベンダーがサブスクリプションでデジタルデバイスやシステムを提供していない場合である。その際には、リース会社などを巻き込んで地域の事業者がサービスの前面に立つことも考えられる。

もう一つは、地域としてサブスクリプションサービサーを育成しようと考える場合である。シニアの生活のデジタル化は、シニア施策であると同時に新たなビジネスを創る機会でもある。そこで、地域の有力なデジタルデバイスやシステムのサプライヤーを中心にサブスクリプションサービサーを育てる。そうした事業者がいない場合でも、ここで述べている地域の体制を構築すれば、サブスクリプションのビジネスとしてのリスクを軽減できるので、顧客サービスに長けた地域の事業者を中心に金融機関や「デジタル・システム・サポーター」が連携してサブスクリプションサービサーを育てることも可能になる。地域でそうした体制ができれば、その下でアプリケーションやデバイスを供給する事業者が育つ可能性が出てくる。

図表４－９　地域版デジタルデバイス・サプライヤー

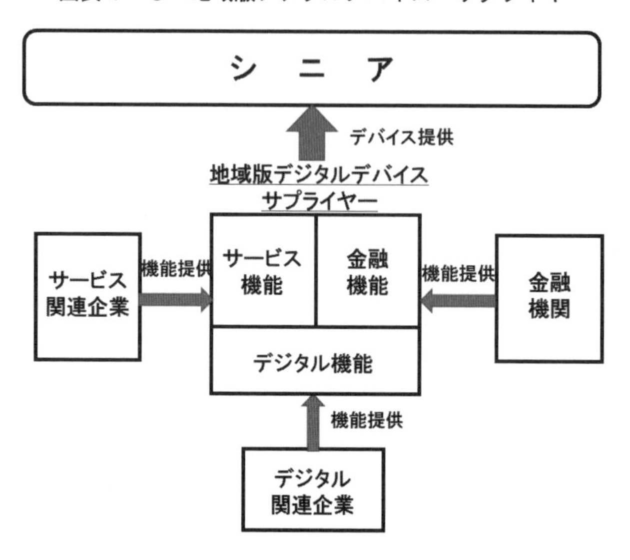

④　オーガナイザー

・重要性は変わらない行政の役割

シニア支援には多額の公的な資金が使われるのが一般的だ。実際の活動でも行政が直接的、あるいは公的な資金を利用するサービス機関などを通じて間接的にシニア支援に関わっている。シニアの生活のデジタル化でも公的な補助が欠かせないだろうから、行政や公的な資金を利用する機関の役割が重要であることはこれまでのシニア向けの施策と変わらない。一方で、上述したデジタル化のための組織や専門家、行政、シニア向けのサービス機関の活動を一つの方向に仕向けるためには、オーガナイザー機能が必要となる。

日本では官民をまたぐ地域の活動のオーガナイザー機能を自治体が担ってきた。しかし、シニア施策については地域によって事情が異なる。他の施策と同じように自治体が中心となっている地域もあるが、福祉団体、大学、医療機関、あるいはNPOなどが求心力を持っている地域もある。シニアの生活のデジタル化のための活動について行政権が必要な部分は限られるから、地域の事情に応じて、デジタル化に関わる機関、専門家に最も有効に働きかけられるところが旗振り役、オーガナイザーとなるべきだろう。ただし、公的な施策に関わる機関への影響力、地域の政策・施策づくり、予算の確保、施設利用の条件整備、等においてどこの地域でも行政が重要な役割を果たすことに変わりはない。自治体以外の機関がオーガナイザーを担う場合でも、自治体にはしっかりと寄り添ってサポートする役回りがある。地域のサービスのDXを推進するために民間事業者の知見や技術の重要性が高まっていくことは間違いないが、地域内外の様々な機関や人材を巻き込んで事業を推進していくために行政の役割は依然として重要、あるいは一層重要になるである。

⑤　スペシャルアドバイザー

・短期、長期の視点での専門家の確保

シニアの生活のデジタル化は専門的な知見や根拠に基づいて進められなくてはならない。例えば、加齢によるシニアの身体の衰えを考えずにデジタルデバイスを調達したため利用しない結果になってしまうかもしれない。また、技術のトレンドを考えずに調達した結果、すぐに陳腐化してしまうかもしれない。こうしたリスクを下げ、効果的にデジタル化を進めていくためには、シニアの生活のデジタル化に関する専門的な知見を有した人達に継続的なアドバイスを受けられる仕組みが必要となる。

具体的には、行政主導の下で専門家による委員会を開催することになるが、政策などを検討する一般の委員会と異なるのは、継続的な取り組みであることだ。そこで必要になるのは短期と長期の視点を持つことだ。デジタル化のような新しい事業を進めようとする時、多くの地域ではそのための専門的な知見を有する人材が不足している。そのため、東京などの大都市から専門家や有識者を招くことになる。しかし、そうした人材は多くの地域から声がかかるし、自身の本拠地ではないので、特定の地域に関われる期間はそれほど長くないのが普通だ。

そこで、活動開始からしばらくは大都市からの専門家や有識者の知見をベースに活動を進めながら、彼らの知見の受け皿となる地域としての専門家をアサインしておく。例えば、地域の若い有識者や事業者が２年、３年と全国レベルの専門家、有識者と行動を共にすることで、知見を吸収し、長期にわたり地域のデジタル化を支えていくのである。デジタル化事業の一環で留学のような機会を設けてもいい。デジタル化のプロジェクトは地域でのデジタル人材育成のチャンスでもある、という捉え方が重要だ。

・産官学協働の主催者機能

スペシャルアドバイザーが集まる委員会の主催者はいくつか考えられる。最もオーソドックスなのは自治体が予算を確保して一般の政策検討の委員会と同じような枠組みで開催することだ。予算的に安定している、自治体が招集するため信頼性が担保される、同じような委員会の運営を経験してきた知見がある、などのメリットがある。一方で、従来型の自治体の委員会で日進月歩のデジタル化の流れについていけるのか、あるいは予算の使い方に公的資金ならでは拘束がある、といった問題もある。

もう一つは、民間主導で前項のオーガナイザー機能を立ち上げ、そこが委員会の主催者となることである。意欲のある民間企業が集まれば、公共主導でやるよりはスピーディでアグレッシブな活動が期待できる。ある程度の数の民間企業が集まれば、コスト負担も大したことはない。しかし、民間主導で自治体主導と同じような信頼感を確保できるか、経済状況が変動する中で中長期の活動を維持できるか、といった問題もある。地域によっては、十分な数の民間企業が集まらない場合もあるだろう。

こうした官民主導双方のメリット、デメリットを踏まえた上で浮かんでくるのが、官民あるいは学も加えた活動体を設立することだ。ただし、オーガナイザーの活動は収益を前提としたものではないので、株式会社のよう形態はそぐわない。そこで、当面は協議会のような任意法人を設立して賛同者からは参加費を徴収して活動費を賄い、活動内容が充実してきた段階で社団法人などへの移転を図るという方法が考えられる。

図表４－10　デジタル生活づくり専門家委員会

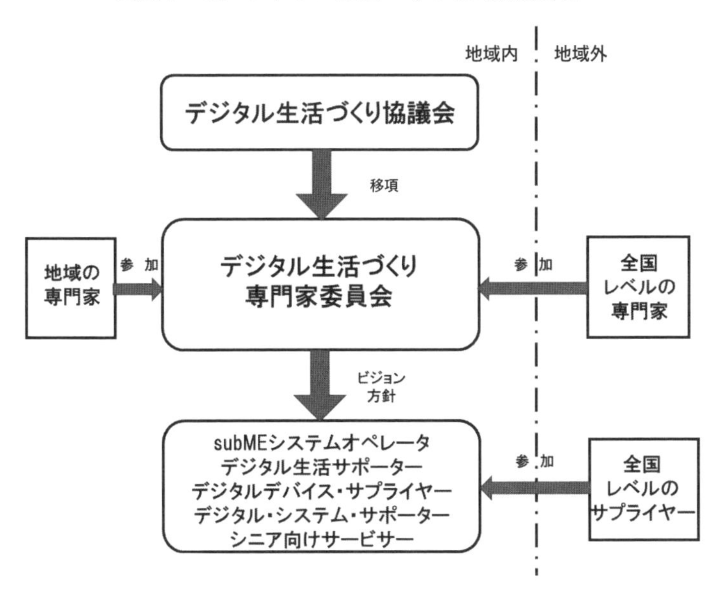

4 シニアの生活のデジタル化の立ち上げプロセス

(1) プロジェクト立ち上げの観点

ここまで述べたシニアの生活のデジタル化プロジェクトを、地域でどのように立ち上げるかを考えよう。地域の観点だけでいえば、意欲のある企業や自治体が発意して協議を始め、まずは、前節の最後に述べた協議会を設立し、次にLLPかLLCの「デジタル生活サポーター」を設立し、順次活動を拡大していく、というプロセスが考えられる。こうした地域の発意による立ち上げが、地域に根付くプロジェクトを育てるために、何にも増して貴重であることは間違いない。一方、このプロジェクトでは、誰がデジタル技術を提供するかを定めることが重要だ。せっかく地域で発意しても、デジタル技術がなければ、活動は議論に終始してしまう。もう一つ重要なのは、デジタル技術は市場が拡大するほど性能も経済性も高まるということだ。目の前に十分な規模の市場がなくても、近い将来市場の拡大が見込めるのであれば、企業はデジタルデバイス、アプリケーション、これらを使ったサービスの開発、人材の育成に投資を行うはずだ。

つまり、シニアのデジタル生活サポートプロジェクトを立ち上げるには三つの観点が重要になる。

一つ目は、上述したように産官学民から意欲のある人材、機関の参加を募りデジタル事業の基盤となる体制を作ることである。

二つ目は、意欲のある地域をできるだけ多く集めることである。同じ意識を持つ地域が手を組めば、地域間での情報やノウハウの共有が進むし、高度な知見や技術を持った人材が参画してくれる可能性も高まる。また、デジタル技術を有する企業の参画を呼びかける際に、企業が市場の広がりを期待できるようになる。

三つ目は、企業の参加を得た上で、彼らとどのように連携するかである。現在は、「将来的にはシニアの生活を支える数々のデジタル技術が提供されるようになるはずだし、その発露となる商品やサービスも出てきている。しかし、商品やサービスの数においても、それらの価格レベルにおいても、デジタル生活を実現するには十分ではない」という、市場として未発達な状態にある。デジタル技術を使う地域の側から見れば「商品・サービスが不十分」、商品・サービスを提供する民間企業の側から見れば「市場の立ち上がり具合や規模が不十分」という両にらみの状態をいかに解消するかが、デジタル技術を持った企業と連携する際の課題となる。それを解決すためには、不完全状態にある現在と市場が立ち上がった将来の間を橋渡ししてくれる仕組みを見出さなくてはならない。そこで考えられるのが以下のようなプロセスだ。技術開発や人材育成に対する民間事業者の投資を期待するのであれば、５年程度で第五フェーズに到達できるようなロードマップを描くことが必要だ。

(2) デジタル生活づくりプロジェクト立ち上げの5つのフェーズ

① 第一フェーズ：地域発意（１年目）

こうしたプロジェクトで重要なのは事業を引っ張る地域がいることである。地域連携を期待し過ぎて、連携が前提となって地域がけん制し合う状態になるとプロジェクトはなかなか立ち上がらない。また、始まったとしても全員合意が前提のような動きの遅いプロジェクトになる。これでは動きの速いDXの市場で活動している民間企業はついてこない。地域連携といいつつ、「まずは隗より始めよ」と動き始める地域がどれだけあるかがプロジェクト実現のカギを握る。その上で、意欲を持った地域が、独自に前節で述べたプロジェクトの中核となる組織の立ち上げを計る。

意識の高い地域が先行して、シニアの生活のデジタル化の絵を描き、それが地域にもたらす便益を述べ、他地域との連携などでどのように発展させていくかをアピールした上で、次の地域連携のフェーズに移行していきたい。実際、地域政策の中で意欲のある地域の活動が発端となったものは多いが、そうした地域の活動体制には共通点がある。自治体であれば、現場を動かす課長から部長クラスが中心となりつつも、彼等がトップと密なコミュニケーションを持っていることである。そうした人達が地域の枠を超えて結びついていけば、プロジェクトとしての核を持って次の地域連携フェーズへ移行することができる。地域の中での求心力づくりについては二つのケースがある。地域の中の発信力のある人材が中心になるケースと、対象となるテーマについて発信力のある人材を引き込んで求心力を創るケースである。

② 第二フェーズ：地域連携（1～2年目）

地域内でのプロジェクト立ち上げを進めるのと並行して、同じ想いを持つ地域を見つけ出して連携を図る。地域の情報化では過去にも多くの地域が連携してきた基盤があるので、他の分野に比べて、連携に向けた合意の形成はそれほど難しくないかもしれない。連携の協議が始まったら、連携の目的を明確にする。ここまで述べた通り、地域が連携することの目的は、システム作りの効率化と市場作りである。

効率化については、技術、システムに関する情報や専門家の知見を連携した地域の間で共有する。そのために、未来のデジタル生活の姿、そこで使われるデジタル技術に関する情報を交換し、共通したデジタルデバイス、システムが使われる範囲を増やすことが必要になる。新しい分野では、先行した地域の経験やベストプラクティスを共有して全体のレベルが底上げされる構造を作ることが重要だ。

後者については、複数の地域で共通したシステムが開発、適用されると、民間企業の側では市場としての魅力が高まり、地域の側では結果的に効果的な技術を効率的に利用できる、という理解を共有したい。

こうして地域間の連携が進むと、次の政策の巻き込みフェーズへの移行もスムーズになる。その際、連携が進むのと並行して、政府の支援の対象となる実証に参加する地域が出てくるといい。

③ 第三フェーズ：政策の巻き込み（2年目）

・政策の効果を高めるためのKGI、KPI

民間事業者にとって魅力のあるシニアのデジタル生活の市場を創るには、全国のできるだけ多くの地域が関心を持つようにしないといけない。その規模を大きくするためには、政府がデジタル生活を推進するための政策と支援策を打ち出してくれるのが効果的だ。一方で、政策を作るためには、地域としてのニーズ、政策資金を投じる先、政策資金の投資効果、政策を使う地域の想定数、などが明確になっている必要がある。前項までのような地域の主導の活動の立ち上げ、連携作りは、こうした政策のニーズに応えるための先行プロセスともいえる。

その上で、政策の効果と実効性を一層高めるために、シニアの生活のデジタル化の政策に関わるKGI（Key Goal Indicator）、KPI（Key Performance Indicator）を設定しておく。デジタル化生活の効果を定量化するのは容易ではないが、例えば、他人との会話の回数、外出の頻度、コミュニケーションをとっている人の数など、シニアの生活が充実していることを図る尺度を設定することはできる。その上で、KGI、KPIを達成するために有効と思われるデジタルデバイスやシステムの利用シーンを設定すれば、民間事業者としても作るべきデバイスやシステムのイメージが明確になる。また、KGI、KPIは政策の評価、改善を容易にするので、政策の持続性を高めることにもつながる。

政策作りの段階でこうした検討を可能とするためには、第二フェーズまでにデジタル技術を提供してくれる企業の参加を全国レベルで進めることが必要だ。そのために、政策立案の段階でシニアのデジタル生活づくりのための産官学参加の全国レベルの協議会を立ち上げる。

④　第四フェーズ：実証事業（３～４年目）

・利用シーンに分けた技術、システムの実証⇒評価⇒実装

政府は、第三フェーズで検討された、いくつかのデジタル技術の利用シーンについて、実際にデジタルデバイスやシステムを適用し、KGIとKPIに基づいて効果を検証し、課題を把握するための実証プロジェクトを企画する。シニアのデジタル生活は様々なデジタル技術の利用シーンから構成され、そうしたシーンが段階的に具現化されていくことで実現される。したがって、実証事業は複数の利用シーンを対象とし、各々の利用シーンについて、地域特性、高齢化の状況、デジタル化を担える民間事業者の参加状況などから複数の地域を選定するようにする。その上で、効果が確認された利用シーンから次の実事業フェーズに移行させることとする。

このような実証事業の方針が決まったならば、利用シーンごとに参加する地域を公募する。その際、地域には対象となる利用シーンの実施体制、デジタル技術の供給体制、実証後の実装の計画等を求めることとする。一方、地域によってはデジタル技術を供給してくれる企業との連携が進まないところもある。また、将来の市場形成を考えると、デジタル技術を供給する企業が百花繚乱となるのは好ましいこと

ではない。といって、かつての公共向けIT市場のように寡占化した特殊な市場となることも好ましくない。そうした状況を回避するために、国と地域が主体となって、地域と技術を提供するマッチングの場を創ることが考えられる。

⑤　第五フェーズ：実事業（5年目）

・政策支援の位置づけの明確化

実証事業のフェーズで効果が期待できると評価された利用シーンについては、実証段階から順次実事業のための予算が組まれ、空白の期間をあけずにデジタル技術を使ったサービスが提供されるようにしたい。そのためには、地域の側も実証事業に応募する段階から実事業に円滑に移行するための計画や体制づくりを進めておく必要がある。

実事業フェーズに移行するにあたって重要となるのは、利用シーンごとに政策支援の位置づけを明らかにすることである。利用シーンによっては、市場が広がりデジタル技術のコストが低下すれば、いずれシニアの自己負担でデジタル技術を利用できるようになるだろう。その場合、政策的な支援はコストが低下するまでの過渡的な措置ということになる。一方で、利用シーンの中には、シニアの生活の質の向上、あるいはシニア支援施策の効率化のために、継続的な政策支援を前提にデジタル技術を導入すべき、というものもある。この場合、デジタル技術にかかるコストは、シニアの生活の質の向上のための追加的な施策、あるいは効率化される分野からのコストの付け替え、にあたる。

高齢化比率の上昇や人手不足、あるいは効率的、効果的なシニア向け施策の展開のために、デジタル技術の導入が必要という考えに異を唱える人は少ない。しかし、現在の国や地域の財政状況を考えると、デジタル技術導入のためのコストを安易に付加することはできない。

デジタル技術導入により効率化される分野からの費用のシフトを政策の企画段階から計画しないとデジタル化が財政支出を拡大することにもなりかねない。シニアの生活のデジタル化は新しい技術の導入と導入効果の速やかな回収を施策の両輪として進めていくことが求められている。

図表４－11　デジタル生活づくりプロジェクトの立ち上げプロセス

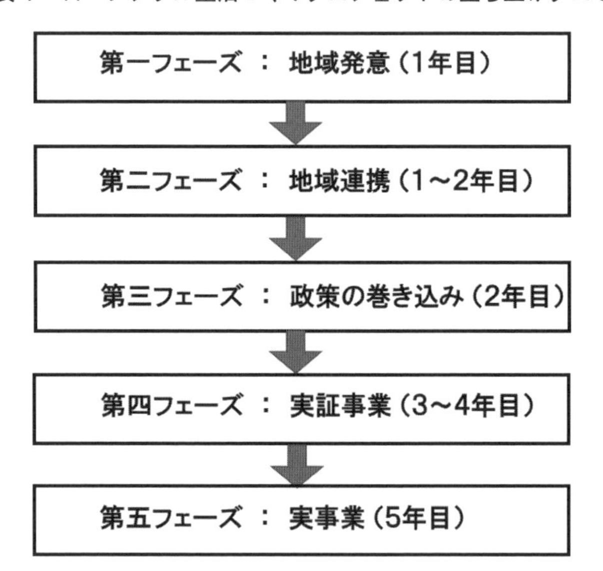

むすび——デジタル化で開ける世界

本当の悠々自適をかなえるために

悠々自適という言葉には、一線を退いてのんびり暮らすことというイメージがある。もともとは優游自適とも書かれ、大河のように優游と流れ続けること、自分の気持ちのおもむくままに行動すること、という意味だそうだ。

生まれてから死ぬまでの人生の時間が、気持ちのおもむくままに大河のように流れ続けることは、幸せといえるのではないか。気持ちのおもむくままにといっても、大河は真っ直ぐには流れない。様々なものにぶつかりながら、支流を集めながら流れ続け、最後は大海と一体になる。筆者は、人生100年の幸せとは何かを考える時、外的な基準ではなくて、この悠々自適のイメージを個人が実現できることとして定義したい。その際に若いから、高齢だからといった区分は本来必要がない。

それなのになぜ高齢者を本書の主人公としたかというと、人生が長くなり、しかもよい状態で長くなったにもかかわらず、あるいはそのために、「自分の人生がうまく流れていかない」という高齢者のいら立ちをしばしば感じるからだ。高齢者自身がそれを言葉にすることは少ない。そもそも「どこがうまくいっていないのか」と明確に言葉にできることではない。それまでは「仕事が忙しい」とか「人間関係がよくなくて疲れる」というわかりやすい不満の原因があった。高齢者となり、仕事から離れ、ストレスがない生活になっているはずなのに、なんとなく満たされていないのだ。そのくらいの満たされなさは問題ではない、贅沢な悩みだという考え方もあるだろう。だが、本当にそれでいいのだろうか。時間も体力もある高齢期を、なんとなく不満を抱えたまま10年以上過ごすことでよいのだろうか。筆者が高齢者を本書の主人公にしたのは、私たち全員が将来突き当たるこの新しい課題を、今体験している人たちだからであって、高齢者が弱くて助けるべき存在だからではない。

サイバー空間とフィジカル空間で、自分のリソースを活用し続ける

その満たされなさは、自分が持っているリソースを十分に活用できない（流せない）ことに起因すると筆者は考えている。わかりやすくいうと、時間もある、体力もあるのに、使い道がなく、河の流れが滞ってしまっている。逆にいえば、リソースを十分に活用する道筋や機会を設けることさえできれば不満は解消できる。

また、高齢期にはどうしても、身体の機能が低下するとか、認知機能が低下するといった出来事が起きる。その事態に備えておきたいと思いつつ、どうしたらよいのかわからないし、進んで考えたくないことはできるだけ先延ばしにしたくなる。ピンピンコロリといったマジックワードが表すように、備えなくても何とかなることを期待する一方で、いつも不安を抱えているのが元気に見える高齢者の心の中だ。

本書では加齢に伴う心身の機能低下を補うツールも多く紹介したが、それでも永遠に機能を保つことはできない。これまで様々なSF作品やアニメーション作品が物理的な制約を超えて活動し続けられるサイバー空間を描いてきたが、近年の技術革新によって、その世界が現実となる準備ができてきた。

本書では、サイバー空間とフィジカル空間を行き来しながら自分の

リソースを活用し続ける高齢者の姿を描いた。そこに描いたのはSF作品やアニメーション作品にあるようなドラマティックな姿ではない。高齢者がサイボーグのようになって永遠に活躍し続けるわけでもない。それぞれの人が自然な形でやりたいことをやり、時には誰かの役に立ち、時には誰かに助けられる、ただそれだけのことだ。だが、人口が減り、若い人が減り、家族単位も縮小する中では、「それだけのこと」の在り方だけが今までと同じではありえなくなり、様々な課題が顕在化している。人口構造や家族構造の変化、死に向かって機能が低下していくこと自体をマイナスと捉え、技術や仕組みで埋め合わせる努力をしても限界がある。だが、「それだけのこと」の新しい在り方を見いだせれば、変えられない条件を超えて幸せを追求できる。そのカギは、個人の発意を促し、外に繋げていく仕組みだと考える。

発意を生み出し、行動につなげる

本書で描いたsubMEは、個人がリソースを使いたいこと、平たく言えば「やりたいこと」を封じ込めず、発意し続けるためのエネルギーを日常生活の中で作り出す仕掛けだ。家族や友人より自分に近い存在のsubMEとの関わりで高齢者の心と行動は少しずつ動き始める。たとえばsubMEとの問答で、犬好きで世話焼きであることを自覚した人が、「近所で腰を傷めて犬の散歩ができず困っている人がいる」ことを地域のSNSで知ったら、「じゃあ代わりにしてあげようか」という発意が生まれる。散歩を代わってあげた相手から、今度は地域の活動に誘われ、地域の中でまた新たな関係ができ、同じような活動をしている人たちとサイバー空間でつながりができる。サイバー空間で知り合った見知らぬ相手とチャットをして、今日のニュースの捉え方が変わる。そして、明日やりたいことが変わる。その先にはVRグラスでの世界旅行があるかもしれないし、アシストスーツを着けた引っ越しの手伝いがあるかもしれない。発意のないところにツールがあっても邪魔なだけだが、「世界旅行をしたい」「引っ越しを手伝いたい」という発意があれば、VRグラスやアシストスーツはそれを実現するための重要な手段に変わる。このように、フィジカル空間とサイバー空間で発意と技術が出会って新たな行動が生まれ、その次の発意が連鎖し増幅していく。自分の状態が変化しても、発意と変化に応じた実現手段があれば、自分が持っているリソースを生涯にわたって投じ続けることができるのだ。

個人の発意が地域で連鎖し、人との結びつきや地域が変わる

個人の発意がサイバー空間とフィジカル空間で連鎖していくことは、地域にも新たな活力を生み出す。共同体の構成員（人口）の減少や構成員の高齢化による活性の低下という地域の課題は個人の課題と相似している。地域は個人の集合体だから当然かもしれない。個人の中で発意が生まれて行動が増幅されれば、地域の中に活発な個人が増えていく。さらに、サイバー空間に個人の発意が接続されると、地域からもアクセスしやすくなり、地域と関わる意向があり時間の余裕がある人を、地域の側から誘うことができる。つまり個人が自らの発意に基づいて手を伸ばしてくれれば、地域の側がその手をつかみにいけるのだ。

これまで、社会と個人の関係は場面に限定されており、学校や会社などの大きな場面がなくなると切れてしまいがちだった。地域は居住がベースとなっているので、特定の場面によらない地域住民同士の関係は学校や会社よりも長く続き得る。しかし教育や仕事のような共通の目的によって集まり協働する機会が少ないため、関係が作られにくいという面もあった。住民が共通の課題認識や要望を持っていても、それを共有する機会が乏しかった。ただ隣に住んでいて顔を知ってい

るだけでは、お互いが何を考えているかまでわからないのだ。地域活動は、課題を訴える人とそれに共感する人、課題解決に力を貸す人、課題解決の恩恵を受ける人、などの結びつきにより実現される。これまではその結びつきをどう作り出すかが課題だった。

本書で描いた仕組みでは、個人の発意がサイバー空間で可視化される。自分と同じ課題認識や発意を持つ人が地域にいることが分かれば、その人に興味を持ち、連絡が来れば話をするだろうし、課題の解決を本気で考えだすだろう。あるいは、隣人が課題解決のための能力を持っていることを知れば、声をかけてみようという発意が生まれるかもしれない。こうしたサイバー、リアルの双方向のアプローチで、個々の発意やリソースが結びついて、取り組みが具体的な形となり地域が変わっていく。

これは、人と人との関係が、今までのように外的な要因（年齢、性別、学歴、社会階層、見た目、所属組織、居住地域等）だけでなく、内的な要因、つまり発意やリソースに基づいて結ばれるようになることを示している。それは技術革新によって起こるコミュニティの最も大きな転換となる。外的要因からの推測に頼らずとも、これまで見えなかった個人の内界が可視化されダイレクトな個人と個人、個人と共同体の結びつきが生まれるのだ。年齢ばかりに目が行けば高齢化することしか見えないが、個人の有する発意、リソースをどう結び付けるかに注目すれば、これから地域で何ができるのかが見えてくる。

高齢者から始める新しい時間

筆者は、高齢者がサイバー空間に自分を投影することから、新たな行動や新たな関係が生まれることまでは予想している。また、本書で紹介した様々な製品・サービスによって新たな行動の選択肢も増えている。それらが合わさった時、一体どのような活動が生まれるのか、サイバー空間で何が起こり、フィジカル空間で何が起こるのかについては予想し切れない。AIやデジタルツイン、ビッグデータなどの革新技術に無条件で期待してはいけないが、これから「何が起こるかわからない」革新技術の行方は、地域で「何ができそうか」を想像し実際の行動につなげる具体的な方策を考えれば、大きな可能性として見えてくる。

subMEを起点とするサイバー空間への発意の投影、つながりの創出は、これからの高齢者個人の人生やそれを取り巻く地域を支える新しいインフラとなる。それを高齢期から始めるのは、そうしたインフラを今一番必要としている人達であり、私たち全てに与えられた時間がどのようなものになりうるのかを提示して欲しいからだ。それが見えてくれば若い人達にも新たな時間像を手渡すことができる。人口減少社会でますます大きくなる負担を感じている若い人達が、希望を持ち、人生をより意味のあるものとして歩んでいけるように。

---

[1] 「明日の安心　社会保障と税の明日を考える」内閣府（平成24年３月）

[2] 「平成28年国民生活基礎調査」厚生労働省

[3] 公的介護保険サービスにおける身元保証等に関する調査研究事業（2019）　日本総合研究所

[4] 「認知症シニアを看護する看護師が感じる困難の分析」千田睦美、水野敏子、岩手県立大学看護学部紀要16：11－16，2014

[5] https://dfree.biz

[6] 「基礎自治体のあり方に関する論点と主な議論」（https://www.soumu.go.jp/main_content/000219748.pdf）第30次地方制度調査会第31回専門小委員会、総務省

[7] 「増える無縁仏、年8000柱超　政令市で５年前の1.4倍に」2019/9/24日　経新聞https://www.nikkei.com/article/DGXMZO50124460U9A920C1CR0000/

[8] 墓地、埋葬等に関する法律（昭和23年５月31日法律第48号）、行旅病人及行旅死亡人取扱法（明治32年３月28日法律第93号）

[9] 移住した「定住人口」でもなく、観光に来た「交流人口」でもない、地域や地域の人々と多様に関わる者　関係人口ポータルサイト（総務省）（https://www.soumu.go.jp/kankeijinkou/）

[10] 「ICTを活用した生活支援型コミュニティづくり」（https://www.jst.go.jp/ristex/korei/03event/sympoH27/pdf/20160304_10poster.pdf）小川晃子、2010年～2013年

[11] 「公共分野におけるデジタル変革をいかに進めるか―アメリカにみるシビックテックの動向と課題―」、野村敦子、JRIレビュー2017 Vol.3, No.42

[12]「自治体の中小企業支援の実態に関する調査」三菱UFJ リサーチ&コンサルティング(株)、2013年11月

(注) 1. 地域の抱える課題に対して、重点的に取り組んでいる対策について1位から3位を回答してもらった中で、1位に選択され

[13]「地域と企業の共生による持続的な地域・社会課題の解決に向けて」経済産業省、2019年9月

[14] https://www.meti.go.jp/information/publicoffer/kobo_yokoku/2020/ky200120001.html

[15] 中小企業白書 2019年

著者紹介

沢村　香苗（さわむら　かなえ）

株式会社日本総合研究所 創発戦略センター スペシャリスト（行動科学）
精神保健福祉士、博士（保健学）

1976年生まれ。1999年、東京大学文学部行動文化学科心理学専攻卒業、2004年東京大学大学院医学系研究科健康科学・看護学専攻博士課程単位取得済み退学
研究機関勤務を経て、2014年株式会社日本総合研究所　入社
ギャップシニア・コンソーシアム（2014-2018）活動において高齢者の心理に注目したマーケティング手法開発に関与。論文「単身高齢社会を生き抜くためのサイバー空間利用－自分の代理人「subME」（JRIレビューVol.4,No.65）」のアイデアをもとに2019年９月よりCONNECTED SENIOIRSコンソーシアム活動を行っている。

井熊　均（いくま　ひとし）

株式会社日本総合研究所　専務執行役員

1958年東京都生まれ。1981年早稲田大学理工学部機械工学科卒業、1983年同大学院理工学研究科修了。1983年三菱重工業株式会社入社。1990年株式会社日本総合研究所入社。1995年株式会社アイエスブイ・ジャパン取締役。2003年株式会社イーキュービック取締役。2003年早稲田大学大学院公共経営研究科非常勤講師。2006年株式会社日本総合研究所執行役員。2012年官民競争入札等監理委員会委員。2014年株式会社日本総合研究所常務執行役員。2015年中国国家発展改革委員会PPP顧問。2017年株式会社日本総合研究所専務執行役員。2020年　北陸先端科学技術大学院大学経営協議会委員。2020年９月16日株式会社ドンキー取締役。
環境・エネルギー分野でのベンチャービジネス、PFI、中国・東南アジアにおけるスマートシティ事業の立ち上げなどに関わり、新たな事業スキームを提案。公共団体、民間企業に対するアドバイスを実施。公共政策、環境、エネルギー、農業などの分野で70冊以上の書籍を刊行するとともに政策提言を行う。

木通　秀樹（きどおし　ひでき）

株式会社日本総合研究所 創発戦略センター 部長（IoT推進担当）
1997年、慶応義塾大学理工学研究科後期博士課程修了（工学博士）。1988年石川島播磨重工業（現ＩＨＩ）入社。知能化システムの技術開発を行い、各種のロボット、環境・エネルギー・バイオなどのプラント、機械等の制御システムを開発。2000年に日本総合研究所に入社。現在に至る。環境プラント等のPFI／PPP事業では国内初となる事業を多数手がけ、スマートシティなどの都市開発事業を実施。また、農業ロボット、自動運転、エネルギーマネジメント、資源リサイクル、再生可能エネルギー等の社会インフラIoTの新事業開発、および、水素等の技術政策の立案等を行う。2019年より東京大学 先端科学技術研究センター シニアプログラムアドバイザー、公立諏訪東京理科大学客員教授を兼務。著書に「なぜ、トヨタは700万円で「ミライ」を売ることができたか？」、「大胆予測　IoTが生み出すモノづくり市場2025」、「IoTが拓く次世代農業アグリカルチャー4.0の時代」、「農村DX革命」など。

自治体・地域で出来る！
シニアのデジタル化が拓く豊かな未来

2020年10月30日　初版発行

著　者　沢村香苗（さわむらかなえ）・井熊　均（いくまひとし）・木通秀樹（きどおしひでき）

発行者　佐久間重嘉

発行所　学 陽 書 房

〒102－0072　東京都千代田区飯田橋1－9－3
営業／電話　03－3261－1111　　FAX　03－5211－3300
編集／電話　03－3261－1112　　FAX　03－5211－3301
振替　00170－4－84240
http://www.gakuyo.co.jp/

装幀／佐藤博　　DTP制作／みどり工芸社　　印刷・製本／三省堂印刷

ISBN 978－4－313－16164－1 C3036
＊乱丁・落丁本は、送料小社負担にてお取替えいたします。